# Pão Diário

**Guardo a tua palavra no meu coração...**

Salmo 119:11

Publicações Pão Diário

*Pão Diário — 80 reflexões para adolescentes*
Copyright © 2024 Publicações Pão Diário
Todos os direitos reservados.

**Coordenação editorial:** Adolfo A. Hickmann
**Adaptação e revisão:** Giovana Caetano, Lozane Winter
**Coordenação gráfica:** Audrey Novac Ribeiro
**Projeto gráfico e capa:** Rebeka Werner
**Foto da capa:** © Shutterstock

Dados Internacionais de Catalogação na Publicação (CIP)

FISHER, Dennis *et al.*
*Pão Diário — 80 reflexões para adolescentes*
Curitiba/PR, Publicações Pão Diário, 2024

1. Devocional   2. Vida cristã   3. Discipulado   4. Adolescentes   5. Jovens

Exceto se indicado o contrário, as citações bíblicas são extraídas da Nova Tradução na Linguagem de Hoje © 2000, Sociedade Bíblica do Brasil.

Proibida a reprodução total ou parcial sem prévia autorização por escrito da editora.
Todos os direitos reservados e protegidos pela Lei 9.610, de 19/02/1998.
Permissão para reprodução: permissao@paodiario.org

**Publicações Pão Diário**
Caixa Postal 9740
82620-981 Curitiba/PR, Brasil
publicacoes@paodiario.org
www.publicacoespaodiario.com.br
Telefone: (41) 3257-4028

Z1263 • 978-65-5350-399-1

1ª edição 2024

*Impresso na China*

**Guarda a tua palavra no meu coração...**
Salmo 119:11

# SUMÁRIO

**Introdução:**
POR QUAIS VALORES NOS ENXERGAMOS? ............................................. 5

**40 meditações** (1–40) .................................................................................. 8

ACREDITAVA QUE PRECISAVA SER BONITA! ........................................... 88

**40 meditações** (41–80) ............................................................................... 92

TODAS AS RELIGIÕES NÃO SÃO A MESMA COISA? ................................. 172

# POR QUAIS VALORES NOS ENXERGAMOS?

O nosso Pai celestial, como qualquer pai amoroso, deseja que nos sintamos bem conosco mesmos. Porém, Ele quer que isso aconteça nos termos dele, não nos nossos. Isso pode parecer arbitrário, mas não é. Os valores divinos são muito mais elevados e significativos do que qualquer coisa que tende a chamar nossa atenção neste mundo.

## Avaliados por padrões humanos

Nossa inclinação natural é pensar que nosso bem-estar e capacidade de nos sentirmos bem em relação a nós mesmos dependem de valores tais como:

| Beleza | Inteligência | Dinheiro |
|---|---|---|
| Força | Aparência | Aptidão |
| Abundância | Competência | Prazer |
| Notoriedade | Bens | Poder |

Se esses são os nossos valores, estamos com problemas. Independentemente de como sejam justificados, eles são superficiais, temporais e ilusórios. Nossa integridade não significa a soma total de nossa aparência, habilidades e riquezas.

Isso é uma mentira que nos convence a nos sentirmos mal conosco mesmos, visto que não somos comparáveis a outros quando se trata de beleza, inteligência, dinheiro ou força. É um engano de proporções inacreditáveis que nos leva a pensar que o verdadeiro valor se encontra em um rosto bonito, em um corpo bem definido envolto em roupas de marca, em uma mente brilhante ou em uma conta bancária abastada.

Obviamente essas coisas têm o seu lugar, desde que sejam cultivadas, apreciadas e influenciadas por valores superiores que nos mostram a forma adequada e saudável de usufruí-las. Devemos fazer o melhor com o que o Senhor nos concede. Ser uma pessoa bem cuidada tem sua importância. E, em um sentido limitado, isso pode nos ajudar a nos sentirmos melhor sobre nós mesmos.

Porém, quando se trata da verdadeira base da autoestima, precisamos desenvolvê-la na essência do que o Senhor disse a Samuel, ao lhe indicar o próximo rei de Israel.

> *Não se impressione com a aparência nem com a altura deste homem. Eu o rejeitei porque não julgo como as pessoas julgam. Elas olham para a aparência, mas eu vejo o coração.* —1 Samuel 16:7

Assim, após registrar o que Deus, de fato, considera ao olhar para uma pessoa, o profeta, então descreve Davi, o ungido do Senhor, como sendo "um belo rapaz, saudável e de olhos brilhantes" (1 Samuel 16:12). Aparentemente, o próprio Senhor vê o significado prático das considerações humanas enquanto deixa claro que o Seu olhar está voltado para o coração.

## Avaliados por padrões divinos

Somos direcionados mais por dinheiro, ou por nossa integridade? Estamos mais preocupados em sermos belos, ou em fazer o bem? Nosso principal interesse é com o que podemos obter dos outros, ou com o que podemos oferecer a eles? Refletimos sobre nossas circunstâncias, ou nos destacamos sobre elas como pessoas de força interior, propósito e princípios? Tais questões podem influenciar o quanto nos sentimos bem, ou não, com relação a nós mesmos. Entretanto, o caráter que é desenvolvido em nós pelo próprio Deus é o que faz a verdadeira diferença.

## VALORES

| HOMEM | MULHER |
|---|---|
| Aparência | Carácter |
| Inteligência | Atitude |
| Riqueza | Generosidade |
| Talento | Lealdade |

O que precisamos para desenvolver tal caráter? Há diversas formas de responder a essa pergunta. Paulo, em Romanos, apropriadamente conecta a qualidade de nosso relacionamento com Deus a uma opinião saudável sobre nós mesmos. No capítulo 12, Ele indica três etapas que acompanharão o tipo de autoestima que Deus deseja que tenhamos: 1) Precisamos renunciar a nossos próprios direitos, confiando em Deus para qualquer coisa que Ele nos peça; 2) Precisamos resistir à pressão social de nos adequarmos aos valores materialistas; 3) Precisamos renovar nossa mente com as palavras e pensamentos de Deus.

*Portanto, irmãos, pelas misericórdias de Deus, peço que ofereçam o seu corpo como sacrifício vivo, santo e agradável a Deus. Este é o culto racional de vocês. E não vivam conforme os padrões deste mundo, mas deixem que Deus os transforme pela renovação da mente, para que possam experimentar qual é a boa, agradável e perfeita vontade de Deus. Porque, pela graça que me foi dada, digo a cada um de vocês que não pense de si mesmo além do que convém. Pelo contrário, pense com moderação, segundo a medida da fé que Deus repartiu a cada um.* —Romanos 12:1-2 NAA

Paulo seguiu descrevendo os resultados dessa entrega (vv.4-21). Suas palavras mostram que aqueles que vivem de acordo com esses princípios têm motivos para sentirem-se bem consigo mesmos e com o que estão fazendo. De muitas formas diferentes, Paulo encorajou seus leitores a não serem vencidos pelo mal, mas a vencerem o mal com o bem (v.21).

---

Extraído e adaptado de *Autoestima: Uma perspectiva bíblica*.
Copyright © 2018 Ministérios Pão Diário, Curitiba, Brasil.

## DIA 1

# FAST-FOOD ESPIRITUAL

**Não se deixem levar por ensinamentos diferentes e estranhos...**
(Hebreus 13:9)

Em muitos países, a obesidade infantil tem crescido rapidamente. Os maiores vilões para este ganho de peso nocivo à saúde são os maus hábitos alimentares e os alimentos nada saudáveis: os *fast-foods*.

O termo fast-food se refere a alimentos que, embora saborosos, têm pouco valor nutritivo e, em sua maioria, são calóricos e ricos em gordura. Batatas fritas, refrigerantes, doces, biscoitos e muitas refeições compradas em lanchonetes fazem parte desse time.

> Alimente-se da Palavra de Deus para não ingerir mentiras.

De igual forma, se quisermos ser espiritualmente saudáveis, devemos evitar a má alimentação espiritual. É preciso ter cuidado, pois muitos religiosos proclamam "outro evangelho" (Gálatas 1:6), que não é o de Cristo, indo da saúde e prosperidade a uma espiritualidade falsa. Algumas músicas e livros, inclusive cristãos, também contêm falsas doutrinas. Ingerir esse tipo de alimento pode até alimentar a alma, no entanto, não resulta em saúde espiritual.

O autor de Hebreus adverte: "Não se deixem levar por ensinamentos diferentes e estranhos que tiram vocês do caminho certo" (13:9). Falsas doutrinas prejudicam à saúde e não são proveitosas, pois elas não denunciam o pecado e nem concedem nutrientes para o crescimento espiritual. No entanto, o conteúdo bíblico baseado na graça e na verdade fornece ambos.

Evite a "má alimentação espiritual", em vez disso, usufrua do banquete da Palavra de Deus para promover a sua saúde espiritual.

*Dennis Fisher*

---

*Querido Deus, por favor, ensina-me a ler a Bíblia*
*e a pensar sobre o que ela diz a meu respeito e sobre ti.*
*Ajuda-me a evitar tudo aquilo que não provém de ti.*

## LEITURA BÍBLICA DE HOJE: Hebreus 13:1-9

¹ *Continuem a amar uns aos outros como irmãos em Cristo.* ² *Não deixem de receber bem aqueles que vêm à casa de vocês; pois alguns que foram hospitaleiros receberam anjos, sem saber.*
³ *Lembrem dos presos, como se vocês estivessem na cadeia com eles. Lembrem dos que sofrem, como se vocês estivessem sofrendo com eles.* ⁴ *Que o casamento seja respeitado por todos, e que os maridos e as esposas sejam fiéis um ao outro. Deus julgará os imorais e os que cometem adultério.* ⁵ *Não se deixem dominar pelo amor ao dinheiro e fiquem satisfeitos com o que vocês têm, pois Deus disse: "Eu nunca os deixarei e jamais os abandonarei".* ⁶ *Portanto, sejamos corajosos e afirmemos: "O Senhor é quem me ajuda, e eu não tenho medo. Que mal pode alguém me fazer?".* ⁷ *Lembrem dos seus primeiros líderes espirituais, que anunciaram a mensagem de Deus a vocês. Pensem como eles viveram e morreram e imitem a fé que eles tinham.* ⁸ *Jesus Cristo é o mesmo ontem, hoje e sempre.* ⁹ *Não se deixem levar por ensinamentos diferentes e estranhos que tiram vocês do caminho certo. É bom sermos espiritualmente fortes por meio da graça de Deus e não por meio da obediência a regras sobre alimentos. Pois os que obedecem a essas regras não têm sido ajudados por elas.*

## DIA 2

# O QUE É O NATAL?

—E vocês? Quem vocês dizem que eu sou? — perguntou Jesus.
(Mateus 16:15)

Bem antes de dezembro chegar, a alegria do Natal começa a contagiar a nossa cidade. Árvores e arbustos são revestidos com luzes coloridas, propiciando uma paisagem noturna de tirar o fôlego. Um prédio é decorado para parecer um enorme presente de Natal extravagantemente embrulhado. Há muitas evidências desse espírito natalino ou desse *marketing* sazonal.

Alguns apreciam esse esplendor, outros têm uma visão mais cínica. Mas a questão crucial não é como os outros veem o Natal. Antes, cada um de nós precisa considerar o que a celebração significa para si mesmo.

Pouco mais de 30 anos depois do Seu nascimento, Jesus perguntou aos Seus discípulos: "Quem o povo diz que o Filho do Homem é?". Eles responderam da mesma forma que outras pessoas: João Batista, Elias, talvez outro profeta. Mas Jesus insistiu: "E vocês? Quem vocês dizem que eu sou?". Pedro respondeu: "O senhor é o Messias, o Filho do Deus vivo" (Mateus 16:13-16).

> **Por que não ler mais a respeito de Jesus e falar sobre Ele?**

Este ano, muitos celebrarão o Natal sem pensar em quem o bebê na manjedoura realmente é. Ao interagirmos com eles, podemos ajudá-los a considerar que o Natal não é apenas uma história reconfortante sobre um bebê nascido em um estábulo. O Deus Criador, de fato, tornou-se um ser humano e habitou entre nós.

*Dennis Fisher*

## NOTAS

## LEITURA BÍBLICA DE HOJE: Mateus 16:13-21

[13] *Jesus foi para a região que fica perto da cidade de Cesareia de Filipe. Ali perguntou aos discípulos:*
*—Quem o povo diz que o Filho do Homem é?* [14] *Eles responderam:*
*—Alguns dizem que o senhor é João Batista; outros, que é Elias; e outros, que é Jeremias ou algum outro profeta.* [15] *—E vocês? Quem vocês dizem que eu sou? — perguntou Jesus.* [16] *Simão Pedro respondeu: —O senhor é o Messias, o Filho do Deus vivo.* [17] *Jesus afirmou: —Simão, filho de João, você é feliz porque esta verdade não foi revelada a você por nenhum ser humano, mas veio diretamente do meu Pai, que está no céu.* [18] *Portanto, eu lhe digo: você é Pedro, e sobre esta pedra construirei a minha Igreja, e nem a morte poderá vencê-la.* [19] *Eu lhe darei as chaves do Reino do Céu; o que você proibir na terra será proibido no céu, e o que permitir na terra será permitido no céu.* [20] *Então Jesus ordenou que os discípulos não contassem a ninguém que ele era o Messias.* [21] *Daí em diante, Jesus começou a dizer claramente aos discípulos: —Eu preciso ir para Jerusalém, e ali os líderes judeus, os chefes dos sacerdotes e os mestres da Lei farão com que eu sofra muito. Eu serei morto e, no terceiro dia, serei ressuscitado.*

## DIA 3

# NELE A GENTE PODE CONFIAR

**Jesus viu o homem deitado e, sabendo que [...] ele era doente, perguntou: —Você quer ficar curado?** (João 5:6)

O Sol nasce no leste? O céu é azul? O oceano é salgado? O peso atômico do cobalto é 58,9? Tudo bem; talvez, essa última pergunta você só saiba se for um *nerd* da ciência ou viciado em palavras-cruzadas. Mas as outras perguntas têm uma resposta óbvia: sim! Na realidade, perguntas como essas normalmente são mescladas com certo sarcasmo.

Se não tomarmos cuidado, nossos ouvidos — às vezes exaustos — poderão ouvir com uma pitada de sarcasmo esta pergunta de Jesus a um paralítico: "Você quer ficar curado?" (João 5:6). A reação óbvia poderia ser: "Você está de brincadeira?! Busco ajuda há 38 anos!". Não há sarcasmo nas palavras de Jesus, e sim verdade; a Sua voz é sempre plena de compaixão e Suas perguntas sempre objetivam o bem das pessoas.

> **Jesus pode transformar até as piores partes de nós em algo bom.**

Jesus sabia que o homem desejava ser curado. Ele também sabia que provavelmente fazia muito tempo que ninguém lhe oferecia ajuda. Antes de receber o milagre divino, a intenção de Jesus era restaurar a esperança daquele homem. Para isso, Ele fez uma pergunta óbvia, oferecendo, Ele mesmo, as formas de respondê-la: "Levante-se, pegue sua cama e ande!" (v.8). Somos como aquele paralítico: cada um de nós com áreas da vida em que a esperança sumiu. Jesus nos vê e compassivamente nos convida a ter esperança e a crer nele.

*John Blase*

---

*Jesus, há coisas em minha vida das quais desisti.*
*Tu sabes disso. Por favor, ajuda-me a ter esperança e a confiar*
*em ti. Somente o Senhor pode me transformar.*

**LEITURA BÍBLICA DE HOJE: João 5:1-8**

¹ *Depois disso, houve uma festa dos judeus, e Jesus foi até Jerusalém.* ² *Ali existe um tanque que tem cinco entradas e que fica perto do Portão das Ovelhas. Em hebraico esse tanque se chama "Betezata".* ³ *Perto das entradas estavam deitados muitos doentes: cegos, aleijados e paralíticos. [Esperavam o movimento da água,* ⁴ *porque de vez em quando um anjo do Senhor descia e agitava a água. O primeiro doente que entrava no tanque depois disso sarava de qualquer doença.]* ⁵ *Entre eles havia um homem que era doente fazia trinta e oito anos.* ⁶ *Jesus viu o homem deitado e, sabendo que fazia todo esse tempo que ele era doente, perguntou: —Você quer ficar curado?* ⁷ *Ele respondeu: —Senhor, eu não tenho ninguém para me pôr no tanque quando a água se mexe. Cada vez que eu tento entrar, outro doente entra antes de mim.* ⁸ *Então Jesus disse: —Levante-se, pegue a sua cama e ande!*

## DIA 4

## SEM COMPARAÇÃO

**Leia ficou grávida mais uma vez e teve outro filho. [...] disse:
—Desta vez louvarei a Deus, o SENHOR.** (Gênesis 29:35)

Num programa de TV, jovens, representando adolescentes, descobriram que as redes sociais desempenham um papel fundamental na maneira como eles determinavam o valor próprio. Um deles observou: "O valor próprio [dos alunos] está atrelado às redes sociais — depende de quantas curtidas eles conseguem numa foto". Essa necessidade de aceitação pode levar a comportamentos *on-line* extremos.

O anseio por ser aceito sempre existiu. Gênesis 29 relata que Lia ansiava pelo amor do marido, Jacó, isso se reflete nos nomes de seus três primeiros filhos — todos manifestam a solidão dela (vv.31-34). Infelizmente, não há indicação de que Jacó tenha dado a ela a aceitação que desejava.

Com o nascimento do quarto filho, Lia voltou-se para Deus e deu-lhe o nome de Judá, que significa *louvor* (v.35). Pelo que parece, ela encontrou sua importância em Deus e tornou-se parte da história da salvação providenciada por Deus: Judá foi o ancestral do rei Davi e, depois, de Jesus.

> Só Jesus pode nos tornar filhos de Deus!

Podemos buscar nosso valor em muitas coisas, mas somente em Jesus encontramos, de fato, a nossa identidade como filhos de Deus, coerdeiros de Cristo e pessoas que viverão para sempre com o Pai celestial. Como Paulo escreveu, nada neste mundo se compara "ao ganho inestimável de conhecer a Cristo Jesus" (Filipenses 3:8 NVT). *Peter Chin*

*Em quem ou lugar você procura por significado e valor?
O que significa encontrar sua identidade em Jesus, e não naquilo que seus amigos ou colegas de classe dizem a seu respeito?*

**LEITURA BÍBLICA DE HOJE: Gênesis 29:31-35**

*³¹ Quando o Senhor Deus viu que Jacó desprezava Leia, fez com que ela pudesse ter filhos, mas Raquel não podia ter filhos. ³² Leia ficou grávida e deu à luz um filho; e pôs nele o nome de Rúben. Ela explicou assim: —O Senhor viu que eu estava triste, mas agora o meu marido vai me amar. ³³ Leia ficou grávida outra vez e teve outro filho, a quem deu o nome de Simeão. E disse: —O Senhor ouviu que eu era desprezada e por isso me deu mais este filho. ³⁴ Leia engravidou ainda outra vez e teve mais um filho, a quem chamou de Levi, pois disse assim: —Agora o meu marido ficará mais unido comigo, pois já lhe dei três filhos. ³⁵ Leia ficou grávida mais uma vez e teve outro filho. A esse deu o nome de Judá e disse: —Desta vez louvarei a Deus, o Senhor. Depois disso não teve mais filhos.*

## DIA 5

# ESCONDERIJO SEGURO

**Com a proteção da tua presença, tu os livras dos planos dos maus. Num esconderijo seguro, tu os escondes das ofensas dos seus inimigos.** (Salmo 31:20)

Anos atrás, uma escola no Japão testou um sistema para melhorar a segurança das crianças e oferecer tranquilidade aos pais. Para isso, as crianças carregavam "etiquetas de radiofrequência" no uniforme escolar, estas registravam a entrada ou saída delas pelos portões da escola.

Esse sistema enviava automaticamente um e-mail para avisar aos pais que seus filhos chegaram à escola ou voltaram para casa. Algumas crianças percorriam um longo caminho para chegar até lá, por isso os pais ficavam felizes ao saber que eles chegaram em segurança!

Num mundo perigoso como o nosso, é bom lembrar que a nossa segurança e proteção definitivas estão nas mãos de Deus. Você já ouviu falar do rei Davi? Ele compôs o Salmo 31, onde compartilha sobre uma época em que se sentiu completamente abandonado, excluído da presença de Deus. Entretanto, em meio a esses tempos difíceis, ele declara que Deus protege aqueles que o temem: "Com a proteção da tua presença, tu os livras dos planos dos maus. Num esconderijo seguro, tu os escondes das ofensas dos seus inimigos" (v.20).

Deus sempre sabe onde estamos. Não há lugar onde Ele não veja nossas necessidades ou que não ouça nossas orações. Ele "ouviu o meu grito quando o chamei pedindo ajuda" (v.22). "Sejam fortes e tenham coragem", disse Davi, "todos vocês que põem a sua esperança em Deus, o SENHOR!" (v.24).

*David McCasland*

> **Não há lugar mais seguro do que a presença de Deus.**

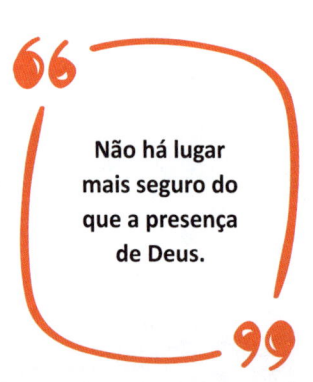

## NOTAS
_____
_____

## LEITURA BÍBLICA DE HOJE: Salmo 31:19-24

*[19] Como são maravilhosas as coisas boas que guardas para aqueles que te temem! Todos podem ver como tu és bom e como proteges os que confiam em ti. [20] Com a proteção da tua presença, tu os livras dos planos dos maus. Num esconderijo seguro, tu os escondes das ofensas dos seus inimigos. [21] Louvado seja Deus, o SENHOR! Quando os meus inimigos me cercaram e me atacaram, ele mostrou, de modo maravilhoso, o seu amor por mim. [22] Fiquei com medo e pensei que ele havia me expulsado da sua presença. Mas ele ouviu o meu grito quando o chamei pedindo ajuda. [23] Amem o SENHOR, todos os que lhe são fiéis! Ele protege os que são sinceros, mas os orgulhosos ele castiga como merecem. [24] Sejam fortes e tenham coragem, todos vocês que põem a sua esperança em Deus, o SENHOR!*

## DIA 6

# O ROBÔ CLOCKY

**Ó Senhor Deus, quanto tempo ainda vou viver?
Mostra-me como é passageira a minha vida...** (Salmo 39:4)

A universitária Gauri Nanda, de 26 anos, pode ter auxiliado na resolução do problema de "dormir demais". Ela criou o *Clocky*, um robô-despertador com pequenas rodas, que "foge" e se esconde antes de se apertar seu botão soneca. As engrenagens se movem aleatoriamente a fim de que ele esteja em um lugar diferente todos os dias. Assim, antes de desligá-lo, o usuário precisa primeiro levantar da cama e encontrá-lo!

Quer achemos fácil ou difícil sair da cama pela manhã, cada novo dia nos lembra de que o tempo passa. Isso soou deprimente? Não era para ser! Precisamos simplesmente lembrar e compreender que nosso tempo é curto. Como jovens, podemos até sentir que temos todo o tempo do mundo, com toda a vida pela frente, mas o fato é que o nosso tempo é limitado. Um dos escritores bíblicos orou: "Ó Senhor Deus, quanto tempo ainda vou viver? Mostra-me como é passageira a minha vida [...] Diante de ti, a duração da minha vida não é nada. De fato, o ser humano é apenas um sopro. [...] E agora, Senhor, o que posso esperar? A minha esperança está em ti" (Salmo 39:4-5,7).

> **Nossos dias são curtos, então dedique-os ao serviço a Deus.**

O que você deve fazer hoje? Com quem precisa se reconciliar? O que você tem adiado? Mesmo aqueles entre nós que se sentem "seguros" e que desejam que o seu tempo na Terra jamais termine, precisam perceber que o tempo está passando. Vamos viver bem todos os dias e nos preparar para sermos usados por Deus ainda hoje.

*David McCasland*

**NOTAS**

**LEITURA BÍBLICA DE HOJE:** Salmo 39:1-6,12-13

¹ Eu disse: "Vou ter cuidado com a minha maneira de viver e não vou deixar que a minha língua me faça pecar. Enquanto os maus estiverem em volta de mim, não falarei nada". ² Fiquei calado, não disse uma palavra nem mesmo a respeito de coisas boas. Mas o meu sofrimento piorou ainda mais, ³ e o meu coração ficou muito aflito. Quanto mais eu pensava, mais agoniado ficava. Então comecei a perguntar: ⁴ "Ó S ENHOR Deus, quanto tempo ainda vou viver? Mostra-me como é passageira a minha vida. Quando é que vou morrer?". ⁵ Como é curta a vida que me deste! Diante de ti, a duração da minha vida não é nada. De fato, o ser humano é apenas um sopro. ⁶ Ele anda por aí como uma sombra. Não adianta nada ele se esforçar; ajunta riquezas, mas não sabe quem vai ficar com elas. [...]

¹² Ó S ENHOR Deus, ouve a minha oração! Escuta o meu pedido. Não te cales quando choro. Como todos os meus antepassados, sou teu hóspede por pouco tempo. ¹³ Desvia de mim o teu olhar, para que eu possa ter um pouco de felicidade, antes que eu vá embora e não exista mais.

## DIA 7

# NÃO TENHA MEDO

**Acorde, meu coração! Minha harpa e minha lira, acordem! Eu acordarei o sol.** (Salmo 57:8)

O medo pode nos paralisar. Conhecemos todos os motivos para sentirmos medo — tudo o que nos feriu no passado e tudo que pode nos ferir novamente. De tal modo, que, às vezes, não conseguimos sair do lugar, assim declaramos: Simplesmente, não consigo. Não sou tão inteligente nem tão forte ou corajoso para aguentar sofrer dessa forma novamente.

Sou fascinado pela forma como o autor Frederick Buechner descreve a graça de Deus como uma voz suave que diz: "Eis o mundo. Coisas lindas e terríveis vão acontecer. Não tenha medo; eu estou com você".

Em nosso mundo, coisas terríveis acontecem: pessoas feridas ferem outras pessoas e, frequentemente, de maneira assustadora. Como Davi, temos nossas histórias de quando o mal nos cercou, de quando os outros, como "leões" ferozes, nos feriram (Salmo 57:4). Por isso, lamentamos e clamamos (vv.1-2).

> **O amor de Deus nos concede coragem.**

Contudo, por Deus estar conosco, coisas lindas também podem acontecer. Ao entregarmos a Ele nossos medos e dores, somos carregados por um amor maior do que o poder de alguém em nos ferir (vv.1-3), um amor tão profundo que se eleva até o céu (v.10). Mesmo quando a calamidade nos cerca, o amor de Deus é um sólido refúgio onde o nosso coração encontra a cura (vv.1,7). Um dia, amanheceremos com coragem renovada, prontos para saudar o dia com uma canção sobre a Sua fidelidade (vv.8-10). *Monica La Rose*

---

*Agradeço-te, Pai, por nos sustentares com o Teu infinito amor. Ajuda-nos a encontrar segurança em Teu amor. Ensina-nos a lançar fora todo medo e a prosseguir destemidamente no Teu amor.*

## LEITURA BÍBLICA DE HOJE: Salmo 57

¹ *Tem misericórdia de mim, ó Deus, tem misericórdia, pois em ti procuro segurança! Na sombra das tuas asas eu encontro proteção até que passe o perigo.* ² *Eu chamo o Deus Altíssimo; eu chamo a Deus, que me ajuda em tudo.* ³ *Do céu, ele me responderá e me salvará; ele derrotará os que me atacam. Deus me mostrará o seu amor e a sua fidelidade.* ⁴ *Estou cercado de inimigos; eles são como leões, e querem me devorar. Os seus dentes são como lanças e flechas, e a língua deles, como espada afiada. Ó Deus, mostra a tua grandeza nos céus, e que a tua glória brilhe no mundo inteiro!* ⁶ *Os meus inimigos armaram uma armadilha para me pegar, e eu fiquei muito aflito. Fizeram uma cova no meu caminho, mas eles mesmos caíram nela.* ⁷ *O meu coração está firme, ó Deus, bem firme; eu cantarei hinos em teu louvor.* ⁸ *Acorde, meu coração! Minha harpa e minha lira, acordem! Eu acordarei o sol.* ⁹ *Senhor, eu te darei graças no meio das nações; eu te louvarei entre os povos.* ¹⁰ *O teu amor chega até os céus, e a tua fidelidade, até as nuvens.* ¹¹ *Ó Deus, mostra a tua grandeza nos céus, e que a tua glória brilhe no mundo inteiro!*

## DIA 8

# ESPERAR É DIFÍCIL

**Tenha paciência, pois o Senhor Deus cuidará disso.**
(Salmo 37:7)

Por que meu celular demora tanto para fazer um *download*? Por que essa fila na cafeteria é a maior de todos os tempos? Quando eles vão responder minha mensagem? É difícil esperar.

A maioria de nós sabe muito sobre esperar, pois, de uma maneira ou de outra, fazemos isso todos os dias. Queremos resultados instantâneos e, quando não os conseguimos, estalamos os dedos, respiramos pesadamente, reviramos os olhos e não conseguimos focar em nada.

Um pesquisador disse: "Ser impaciente pode causar ansiedade e hostilidade". Quando esperamos que um amigo nos responda e ele demora um pouco, geralmente nos preocupamos se o incomodamos ou se algo ruim aconteceu a ele. Assim, por vezes, tornamo-nos rudes com as pessoas ao redor por estarmos muito tensos.

> **Estar quieto diante de Deus inclui confiar no seu tempo e ter confiança no seu amor.**

A Bíblia nos oferece uma maneira melhor de lidarmos com a espera: "Tenha paciência, pois o Senhor Deus cuidará disso" (Salmo 37:7). Isso não significa que as coisas acontecerão mais rápido por nos voltarmos para Deus; mas sim que nossa atenção estará no Senhor e não naquilo que esperamos. Podemos entregar a nossa vida a Ele e confiar no Seu tempo (v.5).

Seja o que for que você tenha que esperar hoje, lembre-se disto: "Confie no Senhor. Tenha fé e coragem. Confie em Deus, o Senhor" (Salmo 27:14). Vamos esperar mais por Deus e pelo que Ele está fazendo — e menos pelo que queremos que aconteça.

*Dave Branon*

*Que coisas fazem você sofrer ao esperar? Que tipo de pessoa você é enquanto espera: paciente, irritado, estressado? Entregue seu tempo de espera a Deus e confie no tempo dele.*

**LEITURA BÍBLICA DE HOJE:** Salmo 37:7-9

⁷ *Não se irrite por causa dos que vencem na vida, nem tenha inveja dos que conseguem realizar os seus planos de maldade. Tenha paciência, pois o Senhor Deus cuidará disso.* ⁸ *Não fique com raiva, não fique furioso. Não se aborreça, pois isso será pior para você.*
⁹ *Aqueles que confiam em Deus, o Senhor, viverão em segurança na Terra Prometida, porém os maus serão destruídos.*

## DIA 9

# O DEUS DA VITÓRIA

**Não deixem que o mal vença vocês, mas vençam o mal com o bem.**
(Romanos 12:21)

Na mitologia grega, Nike era a deusa da vitória. Nike lutou ao lado dos deuses do Olimpo, conseguindo a vitória sobre poderosos gigantes. Como resultado, ela se tornou o símbolo da vitória. Entretanto, os pressupostos poderes de Nike não estavam limitados às guerras. Ela também se tornou a deusa favorita dos atletas que queriam vencer em esportes competitivos. Os romanos a adotaram em sua adoração e lhe deram o nome latino de Vitória.

Paulo ensinava no mundo greco-romano onde a vitória era altamente valorizada. Assim, ao expressar verdades cristãs, usava palavras que seus ouvintes podiam compreender. Em suas cartas, descreveu Cristo como aquele que nos lidera em um desfile de triunfo militar (2 Coríntios 2:14-17) e comparou a vida cristã com aqueles que treinavam para os jogos olímpicos da antiguidade (1 Coríntios 9:24-27).

> **Deus nos dará a vitória quando em lutas a Ele nos unirmos.**

Paulo também utilizou essa palavra vitória, para referir-se às nossas lutas com aqueles que nos ferem intencionalmente: "mas vençam [seja um vitorioso sobre] o mal com o bem" (Romanos 12:21). Devemos mostrar bondade em lugar de ódio ou, respeitosamente, colocar limites em um mau comportamento. Em qualquer um dos casos, uma atitude de amor não é gerada por nossas próprias forças. Em Cristo nós temos o poder divino que os antigos gregos ansiavam receber da deusa Nike, mas não o tinham. Jesus Cristo é o legítimo Deus da vitória.

*Dennis Fisher*

### NOTAS

## LEITURA BÍBLICA DE HOJE: 2 Coríntios 2:14-17

¹⁴ *Mas dou graças a Deus porque, unidos com Cristo, somos sempre conduzidos por Deus como prisioneiros no desfile de vitória de Cristo. Como um perfume que se espalha por todos os lugares, somos usados por Deus para que Cristo seja conhecido por todas as pessoas.* ¹⁵ *Porque somos como o cheiro suave do sacrifício que Cristo oferece a Deus, cheiro que se espalha entre os que estão sendo salvos e os que estão se perdendo.* ¹⁶ *Para os que estão se perdendo, é um mau cheiro que mata; mas, para os que estão sendo salvos, é um perfume muito agradável que dá vida. Então, quem é capaz de realizar um trabalho como esse?* ¹⁷ *Nós não somos como muitas pessoas que entregam a mensagem de Deus como se estivessem fazendo um negócio qualquer. Pelo contrário, foi Deus quem nos enviou, e por isso anunciamos a sua mensagem com sinceridade na presença dele, como mensageiros de Cristo.*

## DIA 10

# MANTENHA A GUARDA

**Quem não sabe se controlar é tão sem defesa como uma cidade sem muralhas.** (Provérbios 25:28)

A enorme muralha da China com seus 6.400 quilômetros foi construída para evitar a entrada dos invasores do Norte. A primeira muralha foi construída por Shi Huangdi, o primeiro imperador da China que viveu entre 259 e 210 a.C. Mas em 1644 d.C. os Manchús traspassaram a Grande Muralha e invadiram a China. Eles conseguiram fazer isto subornando um general da dinastia Ming para que abrisse os portões.

Durante a reconstrução da antiga cidade de Jerusalém, Neemias entendeu o grande risco que corria por causa daqueles que se opunham à reconstrução das muralhas da cidade. Então ele ordenou que metade dos trabalhadores ficassem de guarda enquanto os outros reconstruía as muralhas (Neemias 4:13-18).

Como cristãos, devemos manter a guarda para que nada derrote nossas defesas espirituais. Mesmo o cristão mais experiente jamais deve ignorar isso. O apóstolo João nos adverte sobre inimigos, que vêm de três direções. São eles: os "maus desejos da natureza humana, a vontade de ter o que agrada aos olhos e o orgulho pelas coisas da vida" (1 João 2:16). Além de romper a nossa defesa e favorecer a nossa derrota, estes inimigos nos afastam de Deus e de Sua Palavra.

> **O mundo passa, com tudo aquilo que as pessoas cobiçam; porém aquele que faz a vontade de Deus vive para sempre.**
> (1 João 2:17)

Permaneçamos alertas para o que nos seduz hoje. Um pequeno lapso é suficiente para deixar o pecado entrar, o qual por sua vez pode desenvolver-se em um hábito que venha dominar. Por isso, mantenha a guarda! *C. P. Hia*

## NOTAS

## LEITURA BÍBLICA DE HOJE: Neemias 4:7-9,14-15,18

⁷ *Sambalate e Tobias e os povos da Arábia, Amom e Asdode ficaram muito zangados quando souberam que nós estávamos continuando o trabalho de reconstrução das muralhas de Jerusalém e que as suas brechas já estavam sendo fechadas.* ⁸ *Aí se reuniram e combinaram que viriam juntos atacar Jerusalém e provocar confusão.* ⁹ *Mas nós oramos ao nosso Deus e colocamos homens para ficarem de vigia contra eles de dia e de noite. [...]*

¹⁴ *Eu vi que o povo estava preocupado e por isso disse a eles, e às suas autoridades, e aos seus oficiais: —Não tenham medo dos nossos inimigos. Lembrem como Deus, o Senhor, é grande e terrível e lutem pelos seus patrícios, pelos seus filhos, suas esposas e seus lares.* ¹⁵ *Os nossos inimigos ficaram sabendo que nós havíamos descoberto o que eles estavam planejando e compreenderam que Deus havia atrapalhado os seus planos. Então todos nós voltamos para o nosso trabalho na reconstrução das muralhas [...]*

¹⁸ *E todos os que trabalhavam levavam uma espada na cintura. O vigia, que devia tocar a corneta para dar o alarme, ficava perto de mim.*

## DIA 11

# QUESTÃO DE PRIORIDADE

**Ponham em primeiro lugar na sua vida o Reino de Deus e aquilo que Deus quer, e ele lhes dará todas essas coisas.** (Mateus 6:33)

Um professor queria chamar a atenção dos alunos para um ponto importante; assim, ele pegou uma jarra de boca larga e encheu com pedras. Então, ele perguntou: "A jarra está cheia?".

"Sim", alguém respondeu. "Será?", disse ele. Em seguida, despejou bolinhas de gude no recipiente para preencher os espaços entre as pedras. "E agora está cheio?". "Sim", disse outra pessoa. "Será?" Ele, então, preencheu os espaços restantes com areia. "E agora está cheio?", perguntou novamente. "Provavelmente não", respondeu alguém, o que provocou risos na plateia. Em seguida, despejou água no recipiente e perguntou: "Qual é a lição que tiramos disto?". Um entusiasmado participante respondeu: "Não importa o quão cheia a jarra estiver sempre haverá espaço nela". "Não é bem isso", disse o professor. "A lição é a seguinte: para colocar tudo dentro da jarra, você precisa pôr primeiro os objetos maiores."

> **Quando priorizamos Deus e o Seu Reino, confiamos nele para suprir todas as nossas necessidades.**

Jesus ensinou um princípio semelhante no Sermão do Monte. Ele sabia que perdemos tempo nos preocupando com as pequenas coisas que parecem muito urgentes, mas que atrapalham aquelas que têm valor eterno. Por isso, lembrou aos Seus ouvintes: "O Pai de vocês, que está no céu, sabe que vocês precisam de tudo isso. Portanto, ponham em primeiro lugar na sua vida o Reino de Deus e aquilo que Deus quer, e ele lhes dará todas essas coisas" (Mateus 6:32-33). O que você tem priorizado em sua vida?

*Dennis J. DeHaan*

---

*Aqueles que ajuntam tesouros no Céu são os mais ricos da Terra.*

## LEITURA BÍBLICA DE HOJE: Mateus 6:25-26,30-34

²⁵ —Por isso eu digo a vocês: não se preocupem com a comida e com a bebida que precisam para viver nem com a roupa que precisam para se vestir. Afinal, será que a vida não é mais importante do que a comida? E será que o corpo não é mais importante do que as roupas? ²⁶ Vejam os passarinhos que voam pelo céu: eles não semeiam, não colhem, nem guardam comida em depósitos. No entanto, o Pai de vocês, que está no céu, dá de comer a eles. Será que vocês não valem muito mais do que os passarinhos? [...]

³⁰ É Deus quem veste a erva do campo, que hoje dá flor e amanhã desaparece, queimada no forno. Então é claro que ele vestirá também vocês, que têm uma fé tão pequena! ³¹ Portanto, não fiquem preocupados, perguntando: "Onde é que vamos arranjar comida?" ou "Onde é que vamos arranjar bebida?" ou "Onde é que vamos arranjar roupas?" ³² Pois os pagãos é que estão sempre procurando essas coisas. O Pai de vocês, que está no céu, sabe que vocês precisam de tudo isso. ³³ Portanto, ponham em primeiro lugar na sua vida o Reino de Deus e aquilo que Deus quer, e ele lhes dará todas essas coisas. ³⁴ Por isso, não fiquem preocupados com o dia de amanhã, pois o dia de amanhã trará as suas próprias preocupações. Para cada dia bastam as suas próprias dificuldades.

## DIA 12

# TESTE À PROVA DE COLA

**Conserva-me firme, como prometeste; não deixes que eu seja dominado pelo mal.** (Salmo 119:133)

Dan Ariely, um professor de economia no Instituto de Tecnologia de Massachusetts, realizou alguns testes sobre o comportamento humano. Em uma das provas, os participantes recebiam dinheiro para cada resposta correta. Entretanto, os participantes não sabiam que o professor não estava testando seus conhecimentos, e sim, se iriam colar. Ele preparou o teste de forma que os grupos pensassem que seria fácil colar.

Antes da prova, foi solicitado a um grupo que escrevesse o quanto pudessem lembrar dos Dez Mandamentos. Para surpresa do pesquisador, nenhuma pessoa deste grupo colou! Mas, em todos os outros grupos, houve alguns participantes que colaram. De fato, relembrar um padrão moral fez a diferença.

Há centenas de anos, o salmista compreendeu a importância e necessidade do padrão moral e pediu a ajuda divina para poder segui-lo. Ele orou ao Senhor: "Conserva-me firme, como prometeste; não deixes que eu seja dominado pelo mal [...] para que eu possa obedecer aos teus mandamentos [...] e ensina-me as tuas leis" (Salmo 119:133-135).

> **Como uma bússola, a Bíblia sempre nos orienta a fazer a escolha certa.**

Esse experimento de pôr à prova a atitude de se colar ou não em testes, ilustra claramente a necessidade de se ter uma orientação moral. O Senhor nos deu Sua Palavra como "lâmpada para guiar os [nossos] passos, [visto que ela] é luz que ilumina o [nosso] caminho" (v.105), a fim de nos orientar em nossas escolhas morais.

*Dennis Fisher*

*Em que você tem escolhido apenas "agradar a si mesmo"? Investir tempo com Deus diariamente o ajudará a mudar, de que maneira você pretende fazer isso?*

## LEITURA BÍBLICA DE HOJE: Salmo 119:129-136

¹²⁹ *Os teus mandamentos são maravilhosos, e por isso os cumpro de todo o coração.* ¹³⁰ *A explicação da tua palavra traz luz e dá sabedoria às pessoas simples.* ¹³¹ *Abro a boca e suspiro, pois o que mais desejo na vida é obedecer aos teus mandamentos.* ¹³² *Olha de novo para mim e tem compaixão, como sempre fazes com os que te amam.* ¹³³ *Conserva-me firme, como prometeste; não deixes que eu seja dominado pelo mal.* ¹³⁴ *Livra-me daqueles que me maltratam para que eu possa obedecer aos teus mandamentos.* ¹³⁵ *Olha com bondade para mim, teu servo, e ensina-me as tuas leis.* ¹³⁶ *As minhas lágrimas correm como um rio porque os outros não obedecem à tua lei.*

## DIA 13

## MAGNETO E MÃES

**Respeite o seu pai e a sua mãe, como eu, o seu Deus, estou ordenando...** (Deuteronômio 5:16)

Anos atrás, quando eu estava na escola, minha professora deu uma aula sobre magneto nos explicando o que ele faz. No dia seguinte, em uma prova escrita, ela fez esta pergunta: "Meu nome tem sete letras e começa com M. Eu atraio certas coisas. O que eu sou?". À medida que íamos entregando as provas, minha professora olhava direto para resposta a essa pergunta. Ao final, ela riu alto ao ver que praticamente metade da minha turma tinha respondido: "mãe" ["Mother", em inglês].

Sim, as mães atraem para si coisas. Mas elas são muito mais do que "magneto", recolhendo roupas e brinquedos pela casa. Por mais dispostas que muitas mães estejam a fazer tais coisas, há mais do que isso. Uma boa mãe ama a sua família e estabelece um lar onde cada pessoa encontra amor, aceitação, segurança e compreensão. Ela está presente quando precisamos de um ouvido atento, de uma palavra de conforto, de um grande abraço ou de orientação. Se essa mãe for cristã então, a sua maior alegria será ensinar aos filhos o que significa confiar e amar Jesus.

> **Boas mães não apenas fazem coisas por nós, elas nos conduzem a Deus.**

Esse tipo de mãe, pai ou cuidador merece nosso respeito — não apenas quando eles nos tiram de uma situação difícil, mas todos os dias. O nosso amor por eles deve ser demonstrado não apenas com palavras, mas também com respeito, consideração e disposição para ouvir os conselhos deles.

*Richard W. DeHann*

---

*Como é o seu relacionamento com seus pais ou responsáveis? Como você pode fazer a sua parte e demonstrar amor e respeito a eles? Se você estiver tendo dificuldades em casa, com quem você pode conversar sobre isso em sua igreja?*

**LEITURA BÍBLICA DE HOJE: Provérbios 31:26-31**

²⁶ *Fala com sabedoria e delicadeza.* ²⁷ *Ela nunca tem preguiça e está sempre cuidando da sua família.* ²⁸ *Os seus filhos a respeitam e falam bem dela, e o seu marido a elogia.* ²⁹ *Ele diz: "Muitas mulheres são boas esposas, mas você é a melhor de todas".* ³⁰ *A formosura é uma ilusão, e a beleza acaba, mas a mulher que teme o S*ENHOR *Deus será elogiada.* ³¹ *Deem a ela o que merece por tudo o que faz, e que seja elogiada por todos.*

## DIA 14

# AS ALEGRIAS DO CÉU

**O que ninguém nunca viu nem ouviu […] foi isso o que Deus preparou para aqueles que o amam.** (1 Coríntios 2:9)

Qual será uma das supremas alegrias do Céu? Permita contar a você uma história. Joni Eareckson Tada é tetraplégica há mais de 50 anos. Na adolescência, devido a um mergulho em águas rasas, ela fraturou a coluna cervical e perdeu todos os movimentos do ombro para baixo. Você até poderia imaginar que o maior desejo dela seria poder andar, ou mesmo correr livre sem estar confinada à sua cadeira de rodas.

No entanto, Joni diz que o seu maior desejo é oferecer um "louvor que seja puro". Ela explica: "Eu não serei afetada por distrações ou incapacitada pela falta de sinceridade. Eu não serei deficiente por causa de um coração pesado e insatisfeito. Meu coração se unirá ao seu e transbordará com borbulhante e efervescente adoração. Finalmente, poderemos desfrutar da comunhão completa com o Pai e com o Filho. Para mim, esta será a melhor parte do Céu".

Como essas palavras desafia o meu coração, por vezes, duvidoso e fascina o meu espírito carente de visão! Que tremendo seria oferecer um "louvor puro", sem devaneios, sem pedidos egoístas, sem a limitação de ir além do meu idioma terreno!

> **Que grande alegria será ver e estar com Jesus no Céu.**

No Céu, "não haverá [nada] debaixo da maldição de Deus. O trono de Deus e do Cordeiro estará na cidade, e os seus servos o adorarão" (Apocalipse 22:3). Que essa perspectiva do Céu nos capacite a experimentar aqui e agora a mesma alegria celestial da adoração que glorifica a Deus. *Vernon Grounds*

---

*Agradeço-te, Pai, porque o Céu me espera.*
*E o melhor: eu estarei contigo para sempre, sem barreiras,*
*distrações ou limites. Que isso me anime todos os dias*
*à medida que me aproximo cada vez mais do lar celestial.*

**LEITURA BÍBLICA DE HOJE:** Apocalipse 22:1-5

¹ O anjo também me mostrou o rio da água da vida, brilhante como cristal, que sai do trono de Deus e do Cordeiro ² e que passa no meio da rua principal da cidade. Em cada lado do rio está a árvore da vida, que dá doze frutas por ano, isto é, uma por mês. E as suas folhas servem para curar as nações. ³ E não haverá na cidade nada que esteja debaixo da maldição de Deus. O trono de Deus e do Cordeiro estará na cidade, e os seus servos o adorarão. ⁴ Verão o seu rosto, e na testa terão escrito o nome de Deus. ⁵ Ali não haverá mais noite, e não precisarão nem da luz de candelabros nem da luz do sol, pois o Senhor Deus brilhará sobre eles. E reinarão para todo o sempre.

## DIA 15

# ESCOLHAS

**O que eu peço a Deus é [...] que tenham sabedoria e um entendimento completo.** (Filipenses 1:9)

Quando criança, um dos meus passatempos favoritos era atirar pedras sobre a superfície de um lago calmo. Como era inevitável, formavam-se pequenas ondas com o impacto das pedras.

É assim também com as escolhas. Cada escolha que fazemos cria um efeito borboleta na nossa vida, bem como na vida de outros. As escolhas que fizemos no decorrer da vida determinaram onde estamos e no que estamos nos tornando. Nossas escolhas também são reveladoras. O que realmente queremos, amamos e pensamos se reflete nas escolhas que fazemos.

Não é de se admirar, portanto, que Paulo nos aconselha a fazermos escolhas "melhores" — escolhas que emanam de um coração totalmente comprometido com Jesus. Ele afirmou que, quando nosso "amor [cresce] cada vez mais [em] sabedoria e [em] um conhecimento completo", somos capazes de compreender o que é bom e sabermos "escolher o melhor" (Filipenses 1:9-10).

> **Escolha o melhor e observe o efeito benéfico disso. Que suas escolhas sejam voltadas para Cristo!**

Escolhas melhores são a prova de uma vida que está profundamente comprometida com Jesus e Seus caminhos. Tais escolhas têm o efeito multiplicador de preencher nossa vida, a fim de sermos cheios "das boas qualidades que só Jesus Cristo pode produzir, para a glória e o louvor de Deus" (v.11). Um amigo expressou-se sabiamente, dizendo que nossa vida não é constituída pelos sonhos que temos, mas sim pelas escolhas que fazemos. Façamos escolhas melhores!

*Joe Stowell*

## NOTAS

## LEITURA BÍBLICA DE HOJE: Filipenses 1:3-6,8-11

*³ Sempre que penso em vocês, eu agradeço ao meu Deus. ⁴ E, todas as vezes que oro em favor de vocês, oro com alegria ⁵ por causa da maneira como vocês me ajudaram no trabalho de anunciar o evangelho, desde o primeiro dia até hoje. ⁶ Pois eu estou certo de que Deus, que começou esse bom trabalho na vida de vocês, vai continuá-lo até que ele esteja completo no Dia de Cristo Jesus. [...]*

*⁸ Deus é testemunha de que estou dizendo a verdade quando afirmo que o meu grande amor por todos vocês vem do próprio coração de Cristo Jesus. ⁹ O que eu peço a Deus é que o amor de vocês cresça cada vez mais e que tenham sabedoria e um entendimento completo, ¹⁰ a fim de que saibam escolher o melhor. Assim, no dia da vinda de Cristo, vocês estarão livres de toda impureza e de qualquer culpa. ¹¹ A vida de vocês estará cheia das boas qualidades que só Jesus Cristo pode produzir, para a glória e o louvor de Deus.*

## DIA 16

# O QUE ESTAMOS FAZENDO?

**Portanto, quando vocês comem, ou bebem, ou fazem qualquer outra coisa, façam tudo para a glória de Deus.** (1 Coríntios 10:31)

"O que você está fazendo?!" Talvez você já tenha ouvido essa frase, quando sua mãe lhe disse para arrumar o quarto e, em vez disso, encontrou você se divertindo com seus games. Ou você a ouviu quando seu professor pegou você passando "cola" aos seus colegas de turma.

Mas e se fosse Deus que lhe fizesse essa pergunta, o que você responderia a Ele? Paulo explica que, como seguidores de Jesus, fomos colocados nesta Terra para trazer glória a Deus em tudo o que fazemos. Então, como seria isso?

A glória de Deus é a manifestação de tudo o que Ele é, em sua inigualável e maravilhosa perfeição. Ela é o Seu amor impressionante, a Sua grande misericórdia e a Sua insondável graça. Podemos ver a Sua glória em Sua verdade, justiça, sabedoria e poder. Glorificar a Deus é manifestá-lo a um mundo que está totalmente alheio ao que Ele realmente é. Atos de misericórdia a quem não merece, dádivas aos necessitados, perdão para um infrator, viver de acordo com a vontade do Senhor — tudo isso fornece uma gloriosa visão do caráter e das qualidade do nosso Deus aos que ainda não o conhecem.

> Que nossa vida manifeste e proclame a glória de Deus enquanto vivermos deste lado da eternidade.

Há muitos conceitos errados sobre Deus flutuando ao nosso redor. Nossa tarefa é manifestar Deus para que os outros saibam como Ele realmente é. Assim, eles, ao se depararem com o amor de Deus em nós, verão que foi Ele quem nos ensinou a viver para Sua glória. Então, glorifiquemos a ao Senhor com o nosso viver!

*Joe Stowell*

## NOTAS

## LEITURA BÍBLICA DE HOJE: 1 Coríntios 10:31–11:1

*[31] Portanto, quando vocês comem, ou bebem, ou fazem qualquer outra coisa, façam tudo para a glória de Deus. [32] Vivam de tal maneira que não prejudiquem os judeus, nem os não judeus, nem a Igreja de Deus. [33] Façam como eu. Procuro agradar a todos em tudo o que faço, não pensando no meu próprio bem, mas no bem de todos, a fim de que eles possam ser salvos.*

*[1] Sigam o meu exemplo como eu sigo o exemplo de Cristo.*

## DIA 17

# CURIOSIDADE VERSUS COMPAIXÃO

**Os seus discípulos perguntaram: —Mestre, por que este homem nasceu cego?** (João 9:2)

Quando ouvimos a respeito de alguém que está sofrendo, por que ficamos mais interessados nos detalhes, no porquê, quando e onde, do que em perguntar se podemos ajudar?

Quando os discípulos passaram por um homem que mendigava por ser cego (João 9:1), a curiosidade deles a respeito do porquê ele estava sofrendo pesou mais do que a perspectiva de procurar ajudá-lo. Eles perguntaram a Jesus: "Mestre, por que este homem nasceu cego? Foi por causa dos pecados dele ou por causa dos pecados dos pais dele?" (v.2). Esse rápido questionamento, revelou o quão dessintonizados eles estavam do coração de seu Mestre. Na realidade, a suspeita por detrás da pergunta deles demonstrava um espírito crítico, um desejo de saber quem era o culpado, como se isso ajudasse alguém a sentir-se melhor!

A resposta de Jesus aos discípulos, manifestou a tremenda compaixão do Senhor. Em lugar de especulação e condenação, ele preparou Seus recursos para ajudar o cego, o que neste caso, resultou em cura completa. Jesus deixou claro que a cegueira do homem proveria um momento de engrandecimento a Deus por meio da ação compassiva dele.

> **Você quer ser como Jesus? Substitua a curiosidade pela compaixão.**

Você sente curiosidade a respeito do problema de alguém? Imite a maneira de Jesus agir e passe da curiosidade para ação de enxergar a necessidade de quem precisa. Estenda sua mão e ajude alguém que sofre. Demonstre o amor compassivo de Jesus em suas atitudes. *Joe Stowell*

*Qual é a sua reação natural ao ouvir sobre alguém que está passando por momentos difíceis? Você se compara aos discípulos? Procura alguém para culpar? Fofoca sobre a possível causa da dificuldade? Ou pede a Deus para ajudá-lo a demonstrar o amor dele aos outros?*

## LEITURA BÍBLICA DE HOJE: João 9:1-9

¹ *Jesus ia caminhando quando viu um homem que tinha nascido cego.* ² *Os seus discípulos perguntaram: —Mestre, por que este homem nasceu cego? Foi por causa dos pecados dele ou por causa dos pecados dos pais dele?* ³ *Jesus respondeu: —Ele é cego, sim, mas não por causa dos pecados dele nem por causa dos pecados dos pais dele. É cego para que o poder de Deus se mostre nele.* ⁴ *Precisamos trabalhar enquanto é dia, para fazer as obras daquele que me enviou. Pois está chegando a noite, quando ninguém pode trabalhar.* ⁵ *Enquanto estou no mundo, eu sou a luz do mundo.* ⁶ *Depois de dizer isso, Jesus cuspiu no chão, fez um pouco de lama com a saliva, passou a lama nos olhos do cego* ⁷ *e disse: —Vá lavar o rosto no tanque de Siloé. (Este nome quer dizer "Aquele que Foi Enviado".) O cego foi, lavou o rosto e voltou vendo.* ⁸ *Os seus vizinhos e as pessoas que costumavam vê-lo pedindo esmola perguntavam: —Não é este o homem que ficava sentado pedindo esmola?* ⁹ *—É! — diziam alguns. —Não, não é. Mas é parecido com ele! — afirmavam outros. Porém ele dizia: —Sou eu mesmo.*

## DIA 18

# TÔNICO DE TUBARÃO

**Deixemos de lado tudo o que nos atrapalha e o pecado [...] e continuemos a correr [...] a corrida marcada para nós.** (Hebreus 12:1)

Você já ouviu falar do "tônico" de tubarão? Não é um soro que previne ataques de tubarões ou um remédio dado aos tubarões. O termo moderno é "imobilização tônica", descrito como "um estado natural de paralisia no qual se encontram os animais [...]. Tubarões podem ser colocados em um estado de imobilização, virando-os de barriga para cima. O tubarão permanece paralisado por cerca de 15 minutos".

Imagine, um perigoso tubarão pode tornar-se vulnerável simplesmente virando-o de barriga para cima. O estado da imobilização tônica deixa o tubarão incapaz de se movimentar.

O pecado também é assim. Nossa habilidade de honrar nosso Senhor, para o qual fomos gerados em Cristo, pode ser colocada em uma "imobilização tônica" pelo poder e as consequências do pecado. É por isso que o escritor de Hebreus nos orienta a ser proativos. Ele escreveu: "Portanto, deixemos de lado tudo o que nos atrapalha e o pecado que se agarra firmemente em nós e continuemos a correr, sem desanimar, a corrida marcada para nós" (Hebreus 12:1).

> **Precisamos lutar contra os nossos pecados antes que eles nos ponham de cabeça para baixo.**

Se queremos correr a corrida da vida cristã de forma efetiva, temos que lidar com o pecado, antes que ele nos imobilize. Precisamos deixar de lado o pecado que nos impede de agradar a Deus — começando hoje.

*Bill Crowder*

---

*Pai, Tu sabes as coisas contra as quais luto. Por favor, ajuda-me a me livrar do mal pelo poder do Teu Espírito Santo que habita em mim. Eu quero viver somente para ti.*

**LEITURA BÍBLICA DE HOJE:** Hebreus 12:1-2,5-6,8-9,11

¹ *Assim nós temos essa grande multidão de testemunhas ao nosso redor. Portanto, deixemos de lado tudo o que nos atrapalha e o pecado que se agarra firmemente em nós e continuemos a correr, sem desanimar, a corrida marcada para nós.* ² *Conservemos os nossos olhos fixos em Jesus, pois é por meio dele que a nossa fé começa, e é ele quem a aperfeiçoa. Ele não deixou que a cruz fizesse com que ele desistisse. Pelo contrário, por causa da alegria que lhe foi prometida, ele não se importou com a humilhação de morrer na cruz e agora está sentado do lado direito do trono de Deus.* [...]

⁵ *Será que vocês já esqueceram as palavras de encorajamento que Deus lhes disse, como se vocês fossem filhos dele? Pois ele disse: "Preste atenção, meu filho, quando o Senhor o castiga, e não se desanime quando ele o repreende.* ⁶ *Pois o Senhor corrige quem ele ama e castiga quem ele aceita como filho".* [...]

⁸ *Se vocês não são corrigidos como acontece com todos os filhos de Deus, então não são filhos de verdade, mas filhos ilegítimos.* ⁹ *No caso dos nossos pais humanos, eles nos corrigiam, e nós os respeitávamos. Então devemos obedecer muito mais ainda ao nosso Pai celestial e assim viveremos.* [...]

¹¹ *Quando somos corrigidos, isso no momento nos parece motivo de tristeza e não de alegria. Porém, mais tarde, os que foram corrigidos recebem como recompensa uma vida correta e de paz.*

## DIA 19

# APRENDIZADO EFICAZ

**A explicação da tua palavra traz luz e dá sabedoria às pessoas simples.**
(Salmo 119:130)

Como professor, já observei que o aprendizado é um esforço de cooperação entre aluno e instrutor. É por isso que os educadores tentam fazer os alunos se envolverem e participar das aulas. O professor faz a sua parte do trabalho; o aluno faz a sua parte do trabalho e juntos, se faz o progresso. Assim, a educação acontece.

No Salmo 119, o escritor sugere um padrão similar, onde Deus é o professor e nós somos os Seus alunos (vv.129-136). Vejamos o papel de Deus na nossa educação. Ele nos demonstra compaixão (v.132), firma os nossos passos (v.133) e nos livra de conflitos externos (v.134).

Porém, é preciso que sejamos alunos interessados, dispostos a aceitar o ensino, a direção e o auxílio de Deus. Devemos entrar em Sua sala de aula com a seguinte expectativa: "A explicação da tua palavra traz luz e dá sabedoria às pessoas simples. Abro a boca e suspiro, pois o que mais desejo na vida é obedecer aos teus mandamentos" (vv.130-131). Como estudantes da Palavra de Deus, devemos cumprir estes três requisitos: (1) examinar a Palavra de Deus e aprender o que Ele está ensinando; (2) obter entendimento a partir do que Ele ensina; (3) obedecer aos mandamentos por Ele estabelecidos.

> **Aprender com Deus nos leva a caminhar mais próximos a Ele.**

É tempo de estar na sala de aula de Deus, escutar e aprender dele. Quando, de fato, aprendermos de Deus, olharemos para Ele com um amor incondicional e para o mundo com uma preocupação renovada (v.136).

*Dave Branon*

**NOTAS**

**LEITURA BÍBLICA DE HOJE:** Salmo 119:129-136

¹²⁹ Os teus mandamentos são maravilhosos, e por isso os cumpro de todo o coração. ¹³⁰ A explicação da tua palavra traz luz e dá sabedoria às pessoas simples. ¹³¹ Abro a boca e suspiro, pois o que mais desejo na vida é obedecer aos teus mandamentos. ¹³² Olha de novo para mim e tem compaixão, como sempre fazes com os que te amam. ¹³³ Conserva-me firme, como prometeste; não deixes que eu seja dominado pelo mal. ¹³⁴ Livra-me daqueles que me maltratam para que eu possa obedecer aos teus mandamentos. ¹³⁵ Olha com bondade para mim, teu servo, e ensina-me as tuas leis. ¹³⁶ As minhas lágrimas correm como um rio porque os outros não obedecem à tua lei.

## DIA 20

# O EXEMPLO DE JESUS

**Pai, perdoa esta gente! Eles não sabem o que estão fazendo.**
(Lucas 23:34)

Certa vez, uma amiga apareceu em um dos nossos estudos bíblicos com os cabelos em um ruivo radiante. Ficamos surpresos, para dizer o mínimo! Foi uma mudança muito brusca, pois não combinava com a personalidade dela. Contudo, ninguém questionou seu novo visual. Então, ela mesma nos contou o que aconteceu. Por conta de um problema familiar, a cabeleireira estava chateada e parecia não prestar muita atenção no que fazia. Assim, em vez de luzes no cabelo, minha amiga saiu do salão com o cabelo vermelho. Minha amiga, tinha todo o direito de sair de lá sem gastar um centavo, mas decidiu pagar sem reclamar o mau atendimento da cabelereira.

Para mim, esse é um lembrete (embora nem se compare) da atitude que Jesus demonstrou para com aqueles que o crucificaram. Em vez de ficar com raiva ou amaldiçoá-los, Ele orou: "Pai, perdoa esta gente! Eles não sabem o que estão fazendo" (Lucas 23:34). Jesus poderia ter lembrado aos soldados zombeteiros a Sua verdadeira identidade. Ele poderia ter silenciado a sarcástica multidão convocando um exército de anjos para estar ao Seu lado. Porém, em vez disso, Ele respondeu os insultos deles com graça.

Ser gracioso não significa permitir que as pessoas nos usem, nos machuquem ou façam o que querem conosco, mas sim que podemos seguir o exemplo de Jesus e oferecer perdão mesmo quando injustiçados.

*Jennifer Benson Schuld*

> **Demonstrar graça aos outros reflete o caráter perdoador de Jesus em nós.**

*Querido Jesus, ajuda-me a seguir o Teu exemplo de graça em meio à pressão. Quero demonstrar bondade às pessoas para que elas te vejam em mim.*

## LEITURA BÍBLICA DE HOJE: Lucas 23:32-36,44-49

³² Levaram também dois criminosos para serem mortos com Jesus. ³³ Quando chegaram ao lugar chamado "A Caveira", ali crucificaram Jesus e junto com ele os dois criminosos, um à sua direita e o outro à sua esquerda. ³⁴ [Então Jesus disse: —Pai, perdoa esta gente! Eles não sabem o que estão fazendo.] Em seguida, tirando a sorte com dados, os soldados repartiram entre si as roupas de Jesus. ³⁵ O povo ficou ali olhando, e os líderes judeus zombavam de Jesus, dizendo: —Ele salvou os outros. Que salve a si mesmo, se é, de fato, o Messias que Deus escolheu! [...]

⁴⁴ Mais ou menos ao meio-dia o sol parou de brilhar, e uma escuridão cobriu toda a terra até as três horas da tarde. ⁴⁵ E a cortina do Templo se rasgou pelo meio. ⁴⁶ Aí Jesus gritou bem alto: —Pai, nas tuas mãos entrego o meu espírito! Depois de dizer isso, ele morreu. ⁴⁷ Quando o oficial do exército romano viu o que havia acontecido, deu glória a Deus, dizendo: —De fato, este homem era inocente! ⁴⁸ Todos os que estavam reunidos ali para assistir àquele espetáculo viram o que havia acontecido e voltaram para casa, batendo no peito em sinal de tristeza. ⁴⁹ Todos os amigos de Jesus e as mulheres que o tinham seguido desde a Galileia ficaram de longe, olhando tudo aquilo.

## DIA 21

# ALTERNATIVA PARA A ANSIEDADE

**E nenhum de vocês pode encompridar a sua vida, por mais que se preocupe com isso.** (Mateus 6:27)

Certo homem, que se preocupava em cumprir a lei, recebeu esta mensagem de voz: "Sou o policial Fulano. Por favor, ligue para este número". Imediatamente o homem teve medo de que, de alguma forma, tivesse cometido alguma infração. Ele estava com receio de retornar a ligação e, ansioso, passou noites em claro. O tal policial nunca ligou novamente, mas levou duas semanas para a ansiedade do homem desaparecer.

Jesus fez um comentário interessante sobre a ansiedade: "E nenhum de vocês pode encompridar a sua vida, por mais que se preocupe com isso" (Mateus 6:27). Talvez, isso nos ajude a repensar a nossa inclinação natural à ansiedade.

Quando os problemas surgirem, talvez possamos adotar estas atitudes: agir e confiar em Deus. Se há algo a ser feito para evitar o problema, podemos orar pedindo a direção de Deus. Mas, se não há o que ser feito, podemos ter o consolo de saber que para Deus tudo é possível. Ele sempre pode agir em nosso favor. Podemos sempre entregar a Ele a nossa situação confiadamente.

> **Quais preocupações você precisa entregar a Deus hoje?**

Quando a ansiedade quiser nos dominar, lembremos das palavras do rei Davi, que também enfrentou dificuldades e preocupações, mas encontrou uma saída: "Entregue os seus problemas ao SENHOR, e ele o ajudará" (Salmo 55:22). Que tremenda alternativa para lidar com a ansiedade!

*Dave Branon*

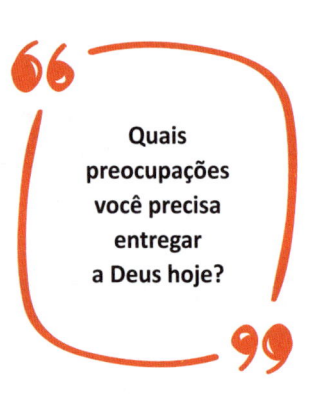

**NOTAS**

## LEITURA BÍBLICA DE HOJE: Mateus 6:25-27,31-34

[25] Por isso eu digo a vocês: não se preocupem com a comida e com a bebida que precisam para viver nem com a roupa que precisam para se vestir. Afinal, será que a vida não é mais importante do que a comida? E será que o corpo não é mais importante do que as roupas? [26] Vejam os passarinhos que voam pelo céu: eles não semeiam, não colhem, nem guardam comida em depósitos. No entanto, o Pai de vocês, que está no céu, dá de comer a eles. Será que vocês não valem muito mais do que os passarinhos? [27] E nenhum de vocês pode encompridar a sua vida, por mais que se preocupe com isso. [...]

[31] Portanto, não fiquem preocupados, perguntando: "Onde é que vamos arranjar comida?" ou "Onde é que vamos arranjar bebida?" ou "Onde é que vamos arranjar roupas?" [32] Pois os pagãos é que estão sempre procurando essas coisas. O Pai de vocês, que está no céu, sabe que vocês precisam de tudo isso. [33] Portanto, ponham em primeiro lugar na sua vida o Reino de Deus e aquilo que Deus quer, e ele lhes dará todas essas coisas. [34] Por isso, não fiquem preocupados com o dia de amanhã, pois o dia de amanhã trará as suas próprias preocupações. Para cada dia bastam as suas próprias dificuldades.

## DIA 22

# A MAIOR GLÓRIA

**Naquele tempo o imperador Augusto mandou uma ordem para todos os povos do Império.** (Lucas 2:1)

César Augusto é lembrado como o primeiro e maior imperador romano. Pelas habilidades políticas e poder militar, ele eliminou seus inimigos, expandiu o império e tirou Roma do caos das vizinhanças degradadas, transformando-a numa cidade de estátuas e templos de mármore. Os cidadãos romanos se referiam a Augusto como um pai divino e salvador da raça humana. Quando o reinado de 40 anos terminou, oficialmente suas últimas palavras foram: "Encontrei Roma feita de barro e a deixei feita de mármore". Porém, segundo sua esposa, suas palavras na verdade foram: "Desempenhei bem o papel? Então aplaudam-me enquanto saio".

O que Augusto não sabia é que o papel dele era de coadjuvante em uma história superior a dele. À sombra do seu reinado, o filho de um carpinteiro nascia para revelar algo muito maior do que qualquer vitória militar, templo, estádio ou palácio romano (Lucas 2:1-11).

> **Temos papéis coadjuvantes na maior história que o mundo já contou. A única glória que precisamos é a da cruz de Cristo.**

Mas quem poderia ter compreendido a glória pela qual Jesus orou na noite em que Seus compatriotas exigiram que Ele fosse crucificado pelos executores romanos (João 17:4-5)? Quem poderia ter previsto a maravilha oculta de um sacrifício que seria aplaudido para sempre no Céu e na Terra?

Essa sim é uma história e tanto! Nosso Deus nos encontrou em busca de sonhos tolos e lutando entre nós mesmos e nos deixou cantando juntos à sombra de uma rude cruz.

*Mart DeHaan*

*Pai celestial, peço-te, ensina-nos a buscar pelo que é eterno, não permitas que sejamos como as celebridades de hoje. Ajuda-nos a nos centrar em Jesus, de cuja história fazemos parte, agora e eternamente.*

## LEITURA BÍBLICA DE HOJE: João 17:1-4,20-23

[1] *Depois de dizer essas coisas, Jesus olhou para o céu e disse: —Pai, chegou a hora. Revela a natureza divina do teu Filho a fim de que ele revele a tua natureza gloriosa.* [2] *Pois tens dado ao Filho autoridade sobre todos os seres humanos para que ele dê a vida eterna a todos os que lhe deste.* [3] *E a vida eterna é esta: que eles conheçam a ti, que és o único Deus verdadeiro; e conheçam também Jesus Cristo, que enviaste ao mundo.* [4] *Eu revelei no mundo a tua natureza gloriosa, terminando assim o trabalho que me deste para fazer. [...]*

[20] *Não peço somente por eles, mas também em favor das pessoas que vão crer em mim por meio da mensagem deles.* [21] *E peço que todos sejam um. E assim como tu, meu Pai, estás unido comigo, e eu estou unido contigo, que todos os que crerem também estejam unidos a nós para que o mundo creia que tu me enviaste.* [22] *A natureza divina que tu me deste eu reparti com eles a fim de que possam ser um, assim como tu e eu somos um.* [23] *Eu estou unido com eles, e tu estás unido comigo, para que eles sejam completamente unidos, a fim de que o mundo saiba que me enviaste e que amas os meus seguidores como também me amas.*

## DIA 23

# SEU JULGAMENTO SE BASEIA EM QUÊ?

**Quem receber aquele que eu enviar estará também me recebendo; e quem me recebe recebe aquele que me enviou.** (João 13:20)

É da nossa natureza fazermos julgamentos conforme enxergamos as coisas. Concluímos, por exemplo, que algumas pessoas são culpadas ou confiáveis sem perceber que o verdadeiro vilão da história não nos parecia nem um pouco culpado.

Judas era um dos amigos próximos de Jesus. Entretanto, João relata: "O Diabo já havia posto na cabeça de Judas [...] a ideia de trair Jesus" (João 13:2). Num dado momento, Jesus lavou os pés de Seus amigos mostrando a eles o que é a liderança servil. Depois disso, Ele lhes disse: "Aquele que toma refeições comigo se virou contra mim" (v.18). Os discípulos não entenderam, então disse a eles claramente: "Um de vocês vai me trair" (v.21). Ainda assim, eles permaneceram "sem saber de quem [Jesus] estava falando" (v.22). Eles nunca pensaram que seria Judas. Afinal, ele se parecia com todos eles: um bom amigo de Jesus. Então, em meio a inquietação dos discípulos, o Mestre ainda declara: "Quem receber aquele que eu enviar estará também me recebendo; e quem me recebe recebe aquele que me enviou" (v.20).

> **Quando quisermos julgar as coisas pela aparência delas; lembremo-nos de que Jesus é o único que pode julgar corretamente.**

Algo muito maior que a traição de Judas estava acontecendo. Jesus enviaria os discípulos ao mundo com esta boa notícia: Deus, o Pai, enviou Seu Filho Jesus para trazer salvação a qualquer um que o aceitasse. Deus pode transformar até mesmo uma traição em benefício para nós. Não importa como as coisas se pareçam, o grande plano de Deus continuará.

*Tim Gustafson*

---

*Pai, agradeço-te por tudo. Teu plano, poder, força e amor são maiores do que a "aparência" de qualquer coisa. Ajuda-me a manter o meu olhar fixo em ti.*

## LEITURA BÍBLICA DE HOJE: João 13:1-3,4-5,12-15,20-22

¹ *Faltava somente um dia para a Festa da Páscoa. Jesus sabia que tinha chegado a hora de deixar este mundo e ir para o Pai. Ele sempre havia amado os seus que estavam neste mundo e os amou até o fim.*
² *Jesus e os seus discípulos estavam jantando. O Diabo já havia posto na cabeça de Judas, filho de Simão Iscariotes, a ideia de trair Jesus [...]*

⁴ *Então se levantou, tirou a sua capa, pegou uma toalha e amarrou na cintura.* ⁵ *Em seguida pôs água numa bacia e começou a lavar os pés dos discípulos e a enxugá-los com a toalha. [...]*

¹² *Depois de lavar os pés dos seus discípulos, Jesus vestiu de novo a capa, sentou-se outra vez à mesa e perguntou: —Vocês entenderam o que eu fiz?* ¹³ *Vocês me chamam de "Mestre" e de "Senhor" e têm razão, pois eu sou mesmo.* ¹⁴ *Se eu, o Senhor e o Mestre, lavei os pés de vocês, então vocês devem lavar os pés uns dos outros.* ¹⁵ *Pois eu dei o exemplo para que vocês façam o que eu fiz. [...]*

²⁰ *Eu afirmo a vocês que isto é verdade: quem receber aquele que eu enviar estará também me recebendo; e quem me recebe recebe aquele que me enviou.*
²¹ *Depois de dizer isso, Jesus ficou muito aflito e declarou abertamente aos discípulos: —Eu afirmo a vocês que isto é verdade: um de vocês vai me trair.* ²² *Então eles olharam uns para os outros, sem saber de quem ele estava falando.*

## DIA 24

## XÔ, DESÂNIMO!

**Não nos cansemos de fazer o bem. Pois, se não desanimarmos, chegará o tempo certo em que faremos a colheita.** (Gálatas 6:9)

Você se cansa? Não estou falando apenas de querer relaxar depois de um longo e exaustivo dia. Estou falando de cansaço, aquela sensação de que por mais que você faça, há sempre mais para ser feito. As tarefas de casa e as exigências dos amigos se acumulam, e as discussões familiares não cessam — às vezes parece não haver trégua. Sinto-me exausto quando a vida fica assim e, até mesmo, desanimado.

Paulo sabia, de alguma forma, a respeito desse tipo de cansaço, por isso, ele adverte contra a tentação de se "jogar a toalha" — em grandes ou pequenas ocasiões — quando tudo parece ser demais. Ele escreve: "Não nos cansemos de fazer o bem. Pois, se não desanimarmos, chegará o tempo certo em que faremos a colheita" (Gálatas 6:9).

Então, como podemos evitar que o cansaço nos desanime? O contexto do versículo 9 nos fornece pistas importantes. Paulo nos desafia a ajudar os outros (v.2), a viver com humildade (vv.3-5), a ser generoso (v.6), a obedecer o Espírito de Deus (vv.7-8) e a fazer boas ações (v.10). Viver dessa maneira não significa que seremos magicamente capazes de superar o nosso cansaço e desânimo. Mas sim que ao vivermos plantando "no terreno do Espírito de Deus" (v.8), olharemos para Deus e ajudaremos os outros, o que é muito mais proveitoso do que apenas viver para si mesmo. Ao olharmos para Deus e amarmos o Seu povo, avançaremos na força do Senhor, não na nossa.

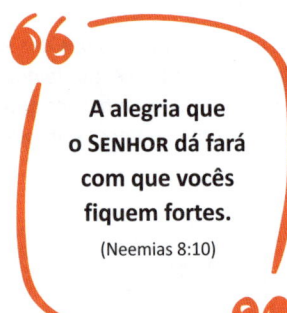

> **A alegria que o SENHOR dá fará com que vocês fiquem fortes.**
> (Neemias 8:10)

*Adam Holz*

*Pai, às vezes me canso de tudo o que acontece em minha vida e desanimo. Ajuda-me a olhar firmemente para ti e a confiar que Tu me fortalecerás e me ensinarás a viver com humildade, a ser generoso e a ter um coração de servo.*

## LEITURA BÍBLICA DE HOJE: Gálatas 6:2-10

² *Ajudem uns aos outros e assim vocês estarão obedecendo à lei de Cristo.* ³ *A pessoa que pensa que é importante, quando, de fato, não é, está enganando a si mesma.* ⁴ *Que cada pessoa examine o seu próprio modo de agir! Se ele for bom, então a pessoa pode se orgulhar do que fez, sem precisar comparar o seu modo de agir com o dos outros.* ⁵*Porque cada pessoa deve carregar a sua própria carga.* ⁶ *A pessoa que está aprendendo o evangelho de Cristo deve repartir todas as suas coisas boas com quem a estiver ensinando.* ⁷ *Não se enganem: ninguém zomba de Deus. O que uma pessoa plantar, é isso mesmo que colherá.* ⁸ *Se plantar no terreno da sua natureza humana, desse terreno colherá a morte. Porém, se plantar no terreno do Espírito de Deus, desse terreno colherá a vida eterna.* ⁹ *Não nos cansemos de fazer o bem. Pois, se não desanimarmos, chegará o tempo certo em que faremos a colheita.* ¹⁰ *Portanto, sempre que pudermos, devemos fazer o bem a todos, especialmente aos que fazem parte da nossa família na fé.*

## DIA 25

## APLICATIVO SEM IGUAL

**Preste atenção no que lhe ensinam e aprenda o mais que puder.**
(Provérbios 23:12)

Houve uma época em que os telefones eram usados somente para fazer ligações. Com a chegada do *smartphone*, o que antes era usado para falar com alguém, tornou-se um banco de dados. Ao instalar aplicativos em seu celular, você pode ler notícias, jogar, planejar viagens, encontrar um apartamento ou qualquer coisa a partir dos inúmeros aplicativos que estão disponíveis ao usuário.

Contudo, por mais incríveis que eles sejam, é surpreendente que os aplicativos para telefones não se comparam aos oferecidos pela Palavra de Deus. As aplicações da Bíblia são mensagens diretas de Deus para nos ensinar a utilizar a verdade da Sua Palavra em todas as áreas da nossa vida.

Considere *Filipenses 2*, por exemplo: o aplicativo de unidade (v.2), o da humildade (v.3), o da não discussão (v.14), o de brilhar como estrelas (v.15). Veja também as instruções de *Efésios 5*: de imitar a Deus (v.1), andar em amor (v.2), ser puro (v.3) e guardar a língua (v.4). E o livro de Provérbios então? Está cheio de instruções.

Você não precisa esperar que alguém lhe ofereça isso na internet, abra a Bíblia agora e veja as centenas de aplicações da Palavra de Deus à sua vida. Você tem dúvidas sobre a vida cristã? Examine a Bíblia. As respostas estão lá, aguardando para serem descobertas.

> A Bíblia tem tesouros de sabedoria para você — leia e os aplique a sua vida!

*Dave Branon*

---

*Agradeço-te Pai por me presenteares com a Tua Palavra, a Bíblia. Graças te dou, pois, por meio dela, posso receber orientação para todas as áreas da minha vida.*

## LEITURA BÍBLICA DE HOJE: Efésios 5:1-7

¹ *Vocês são filhos queridos de Deus e por isso devem ser como ele.* ² *Que a vida de vocês seja dominada pelo amor, assim como Cristo nos amou e deu a sua vida por nós, como uma oferta de perfume agradável e como um sacrifício que agrada a Deus!* ³ *Vocês fazem parte do povo de Deus; portanto, qualquer tipo de imoralidade sexual, indecência ou cobiça não pode ser nem mesmo assunto de conversa entre vocês.* ⁴ *Não usem palavras indecentes, nem digam coisas tolas ou sujas, pois isso não convém a vocês. Pelo contrário, digam palavras de gratidão a Deus* ⁵ *Fiquem certos disto: jamais receberá uma parte no Reino de Cristo e de Deus qualquer pessoa que seja imoral, indecente ou cobiçosa (pois a cobiça é um tipo de idolatria).* ⁶ *Não deixem que ninguém engane vocês com conversas tolas, pois é por causa dessas coisas que o castigo de Deus cairá sobre os que não obedecem a ele.* ⁷ *Portanto, não tenham nada a ver com esse tipo de gente.*

## DIA 26

# DO QUE VOCÊ NÃO PODE SER SEPARADO?

**Em todo o Universo não há nada que possa nos separar do amor de Deus...** (Romanos 8:39)

"Do que você não pode ser separado?", perguntou um apresentador. Alguns responderam: da família, incluindo um marido que compartilhava as lembranças de sua falecida esposa. Outros contaram que não poderiam desistir dos seus sonhos, como o viver da música ou o de ser mãe. Todos nós temos algo que valorizamos muito: uma pessoa, uma paixão, um bem, algo do qual não conseguimos ficar longe.

O livro de Oseias traz uma mensagem interessante sobre o amor de Deus por Israel. O Senhor afirma que não se afastará do Seu povo, Seu bem mais precioso. Exemplificando um marido amoroso, Deus proveu tudo o que Israel precisava: terra, alimento, roupas e segurança. Mesmo assim, como uma esposa adúltera, o povo rejeitou a Deus e buscou felicidade e segurança em outras coisas. Quanto mais Deus os chamava, mais eles se afastavam (Oseias 11:2). Entretanto, embora eles tivessem magoado o Senhor, Deus jamais desistiu deles (v.8). Ele disciplinava o povo para redimi-lo; Seu desejo era reestabelecer o relacionamento com os Seus amados (v.11).

> **Todos os filhos de Deus são sempre bem-vindos à casa do Pai.**

Hoje, todos os filhos de Deus podem ter a mesma garantia, pois não há nada que possa nos separar do Seu amor por nós (Romanos 8:37-39). Podemos até nos afastar dele, mas Ele não deixa de nos amar e desejar que voltemos a Ele. Quando Deus nos disciplina, podemos ter o consolo de que se trata de um sinal de Seu amor, não de Sua rejeição. Ele não desiste de nós. 

*Poh Fang Chia*

---

*Pai celestial, agradeço-te pelo Teu amor que nunca desiste de mim. Ajuda-me a te amar com tudo que sou e tenho.*

## LEITURA BÍBLICA DE HOJE: Romanos 8:35,37-39

³⁵ *Então quem pode nos separar do amor de Cristo? Serão os sofrimentos, as dificuldades, a perseguição, a fome, a pobreza, o perigo ou a morte? [...]*

³⁷ *Em todas essas situações temos a vitória completa por meio daquele que nos amou.* ³⁸ *Pois eu tenho a certeza de que nada pode nos separar do amor de Deus: nem a morte, nem a vida; nem os anjos, nem outras autoridades ou poderes celestiais; nem o presente, nem o futuro;* ³⁹ *nem o mundo lá de cima, nem o mundo lá de baixo. Em todo o Universo não há nada que possa nos separar do amor de Deus, que é nosso por meio de Cristo Jesus, o nosso Senhor.*

## DIA 27

# DA VERGONHA À HONRA

**Agora que o Senhor me ajudou, ninguém mais vai me desprezar por eu não ter filhos.** (Lucas 1:25)

Na época de Natal, é comum as famílias se reunirem para celebrar essa data juntos. No entanto, alguns de nós tememos encontrar certos parentes "preocupados" cujas perguntas fazem os solteiros ou os que não têm filhos sentirem que há algo errado com eles.

Imagine Isabel, sem filhos, apesar de casada há muitos anos. Em sua cultura, isso era visto como um sinal de desprezo divino (1 Samuel 1:5-6) e podia ser considerado vergonhoso. Assim, mesmo Isabel vivendo para Deus corretamente (Lucas 1:6), os vizinhos e parentes dela poderiam ter suspeitado de algo contrário.

Isabel e seu marido continuaram a servir o Senhor fielmente. Então, os dois já com idade avançada, vivenciaram um milagre. Deus ouviu a oração deles e o Senhor honrou o casal com um filho (vv.13,25). Embora possa parecer que o Senhor demora a responder, Ele sempre age no tempo certo e a Sua sabedoria é continuamente perfeita. Deus tinha um presente especial para Isabel e Zacarias: o filho que seria o precursor do Messias (vv.13-17; 3:15-16).

> **Seja fiel ao Senhor e espere pacientemente pelo Seu agir.**

Você se sente inadequado por parecer que algo lhe falta? Talvez, um diploma universitário, um carro, um emprego, uma casa ou qualquer outra coisa que valorize? Continue sendo fiel a Deus e espere pacientemente pelo Senhor, assim como Isabel o fez. Não foque nas circunstâncias, Deus está agindo em você e por seu intermédio. Ele conhece o seu coração e ouve as suas orações.

*Poh fang chia*

---

*Pai, Tu és bom e fiel. Ajuda-me a continuar confiando em ti, mesmo quando me sinto desprezado por não enxergar os Teus propósitos.*

**LEITURA BÍBLICA DE HOJE: Lucas 1:18-25**

¹⁸ Então Zacarias perguntou ao anjo: —Como é que eu vou saber que isso é verdade? Estou muito velho, e a minha mulher também. ¹⁹ O anjo respondeu: —Eu sou Gabriel, servo de Deus, e ele me mandou falar com você para lhe dar essa boa notícia. ²⁰ Você não está acreditando no que eu disse, mas isso acontecerá no tempo certo. E, porque você não acreditou, você ficará mudo e não poderá falar até o dia em que o seu filho nascer. ²¹ Enquanto isso, o povo estava esperando Zacarias, e todos estavam admirados com a demora dele no Templo. ²² Quando saiu, Zacarias não podia falar. Então perceberam que ele havia tido uma visão no Templo. Sem poder falar, ele fazia sinais com as mãos para o povo. ²³ Quando terminaram os seus dias de serviço no Templo, Zacarias voltou para casa. ²⁴ Pouco tempo depois Isabel, a sua esposa, ficou grávida e durante cinco meses não saiu de casa. E ela disse: ²⁵ —Agora que o Senhor me ajudou, ninguém mais vai me desprezar por eu não ter filhos.

## DIA 28

# O QUE VOCÊ TEM EM SUAS MÃOS?

**Eu ficarei no alto do monte, segurando o bastão de Deus.**
(Êxodo 17:9)

Os profissionais que trabalham em zoológicos e que precisam lidar com serpentes, dirão a você para jamais pegar uma serpente pela cauda. Pois ela pode virar-se e, em uma fração de segundos, cravar as presas em sua mão. A maneira certa é controlá-la pela cabeça (por favor, não tente isso em casa!).

Lidar com serpentes, não é uma tarefa para amadores. Porém, por uma ordem divina Moisés pegou uma serpente pela cauda (Êxodo 4:1-5). Moisés, que deve ter encontrado serpentes no deserto de Midiã, sabia que isso não era sensato.

Mas o que Deus estava tentando ensinar a Moisés? Deus queria que Moisés entendesse que o Senhor é Todo-poderoso e que estivesse disposto a ser o mensageiro dele junto ao Seu povo. Basicamente, nesse caso, havia pouca diferença entre jogar um bastão no chão e pegar uma serpente pela cauda. Ambos eram atos de obediência ao Senhor. Moisés devia aprender que Deus era capaz de usar qualquer coisa para validar Sua mensagem ao povo, por meio de Moisés.

O que está em nossas mãos? De certa forma, nossa vida está em nossas mãos. Nós escolhemos se queremos desperdiçar as horas, dias, semanas, meses e anos nas nossas próprias buscas, ou se queremos viver em obediência de forma a ser útil ao Deus Todo-poderoso.

> **Tudo o que temos em nossas mãos, Deus pode usá-lo.**

Ficaremos surpresos com o que o Senhor vai realizar em nós, e por meio de nós, à medida em que, obedientemente, fizermos o que Ele pede. O que você tem em suas mãos?

*Albert Lee*

**NOTAS**

## LEITURA BÍBLICA DE HOJE: Êxodo 4:1-5

¹ Aí Moisés respondeu a Deus, o SENHOR: —Mas os israelitas não vão acreditar em mim, nem vão dar atenção ao que eu falar e vão dizer que o SENHOR não me apareceu. ² Então o Senhor perguntou: —O que é isso que você tem na mão? —Um bastão — respondeu Moisés. ³ Deus disse: —Jogue-o no chão. Ele jogou, e o bastão virou uma cobra. E Moisés fugiu dela. ⁴ Aí o SENHOR ordenou a Moisés: —Estenda a mão e pegue a cobra pelo rabo. Moisés estendeu a mão e pegou a cobra pelo rabo, e de novo ela virou um bastão na mão dele. ⁵ Então o SENHOR disse: —Faça isso para provar aos israelitas que o SENHOR, o Deus dos seus antepassados, o Deus de Abraão, o Deus de Isaque e o Deus de Jacó, apareceu a você.

## DIA 29

# MAIS DO QUE PALAVRAS

**Não se enganem; não sejam apenas ouvintes dessa mensagem, mas a ponham em prática.** (Tiago 1:22)

Quando Mariana estava na terceira série, ela sempre voltava para casa sem as suas luvas de inverno. Isso fazia com que sua mãe ficasse chateada, pois tinha que comprar frequentemente luvas novas e a família não tinha condições para isso. Certo dia, a mãe irritou-se e disse: "Mariana, você precisa cuidar mais das suas coisas. Isso não pode continuar assim!".

Mariana começou a chorar. Por entre lágrimas, contou à sua mãe que, enquanto ganhasse luvas novas, ela daria as velhas para crianças que não tinham como comprá-las.

Anos mais tarde, os passatempos de Mariana incluem ser voluntária na comunidade e ser mentora de crianças em um centro urbano. De seu desejo de ajudar as pessoas, ela diz: "Sinto que isso é o que eu devia estar fazendo".

Como cristãos, nós também devemos ter um coração benevolente. Tiago nos ensina a ouvir a Palavra de Deus e praticar o que ela diz (1:22-23). Mas ele não diz apenas que devemos obedecer. Ele nos dá instruções específicas sobre o que devemos fazer. Depois apresenta de forma prática a quem podemos abençoar com o que temos: "ajudar os órfãos e as viúvas nas suas aflições" (v.27).

> **Amar as pessoas ao nosso redor envolve agir em favor delas.**

Peça que Deus conceda a você um coração como o de Mariana. Impulsionado pelo amor a Deus, obedeça ao que Ele pedir de você. É isso que devemos estar fazendo.

*Anne Cetas*

**NOTAS**

## LEITURA BÍBLICA DE HOJE: Tiago 1:19-27

[19] Lembrem disto, meus queridos irmãos: cada um esteja pronto para ouvir, mas demore para falar e ficar com raiva. [20] Porque a raiva humana não produz o que Deus aprova. [21] Portanto, deixem todo costume imoral e toda má conduta. Aceitem com humildade a mensagem que Deus planta no coração de vocês, a qual pode salvá-los. [22] Não se enganem; não sejam apenas ouvintes dessa mensagem, mas a ponham em prática. [23] Porque aquele que ouve a mensagem e não a põe em prática é como uma pessoa que olha no espelho e vê como é. [24] Dá uma boa olhada, depois vai embora e logo esquece a sua aparência. [25] O evangelho é a lei perfeita que dá liberdade às pessoas. Se alguém examina bem essa lei e não a esquece, mas a põe em prática, Deus vai abençoar tudo o que essa pessoa fizer. [26] Alguém está pensando que é religioso? Se não souber controlar a língua, a sua religião não vale nada, e ele está enganando a si mesmo. [27] Para Deus, o Pai, a religião pura e verdadeira é esta: ajudar os órfãos e as viúvas nas suas aflições e não se manchar com as coisas más deste mundo.

## DIA 30

# PECADOS SEM REGISTRO

**Se tu tivesses feito uma lista dos nossos pecados, quem escaparia da condenação?** (Salmo 130:3)

Quando em "profundo desespero" o salmista clamou a Deus (Salmo 130:1). O seu problema veio à tona: culpa terrível pelas coisas que fez e que não fez no passado. "Se tu tivesses feito uma lista dos nossos pecados, quem escaparia da condenação?" (v.3).

Felizmente, Deus perdoa. Ele não mantém um registro dos nossos pecados do passado, não importa quantos ou quão graves foram. "Agora já não existe nenhuma condenação para as pessoas que estão unidas com Cristo Jesus" (Romanos 8:1). O perdão de Deus então nos leva a temê-lo (Salmo 130:4). Nós oramos e adoramos a Deus porque a graça e o perdão nos levam a amá-lo ainda mais.

No entanto, o que acontece quando caímos novamente em pecados do passado? E se continuamos pecando? Devemos nos arrepender e esperar pela "ajuda de Deus, o SENHOR" (Salmo 130:5), com todo nosso ser, enquanto Deus faz a Sua obra. Não somos um caso perdido. Podemos ter esperança naquele que nos libertará no devido tempo.

Agora temos estas duas certezas: o amor de Deus é infalível, Ele nunca nos deixará nem nos abandonará (Hebreus 13:5). E a promessa de que, no tempo certo, haverá uma redenção completa, Deus nos redimirá de todas as nossas culpas (Salmo 130:8) e nos apresentará, por meio de Jesus, "sem defeito e cheios de alegria na sua gloriosa presença" (Judas 1:24).

Somos perdoados! Somos livres! Junto com o salmista, vamos adorar o Senhor e esperar a Sua volta.

*David Roper*

> **Quando somos perdoados por Deus, não há mais registro algum de nossos pecados.**

### NOTAS

## LEITURA BÍBLICA DE HOJE: Salmo 130

¹ *Ó SENHOR Deus, eu te chamei quando estava em profundo desespero.* ² *Escuta o meu grito, ó Senhor! Ouve o meu pedido de socorro.* ³ *Se tu tivesses feito uma lista dos nossos pecados, quem escaparia da condenação?* ⁴ *Mas tu nos perdoas, e por isso nós te tememos.* ⁵ *Eu aguardo ansioso a ajuda de Deus, o SENHOR, e confio na sua palavra.* ⁶ *Eu espero pelo Senhor mais do que os vigias esperam o amanhecer, mais do que os vigias esperam o nascer do sol.* ⁷ *Povo de Israel, ponha a sua esperança em Deus, o SENHOR, porque o seu amor é fiel, e ele sempre está disposto a salvar.* ⁸ *Ele salvará Israel, o seu povo, de todos os seus pecados.*

## DIA 31

# BUSQUE POR SABEDORIA

**Portanto, dá-me sabedoria para que eu possa governar o teu povo com justiça e saber a diferença entre o bem e o mal.** (1 Reis 3:9)

Se Deus lhe oferecesse qualquer coisa que você desejasse, o que você pediria?

Quando Salomão teve tal oportunidade, ele pediu sabedoria para distinguir entre o bem e o mal, a fim de governar sabiamente o povo de Deus (1 Reis 3:9). O Senhor disse a Salomão: "Já que você pediu sabedoria para governar com justiça […], eu darei o que você pediu" (vv.11-12). Deus inclusive concedeu-lhe até "riquezas e honras" (v.13). Até hoje, Salomão é lembrado pela grande sabedoria concedida a ele por Deus.

Salomão começou seu governo devoto à sabedoria e com o profundo anseio de construir um templo magnífico, em honra a Deus. Contudo, algo aconteceu ao longo do caminho. A sua paixão de viver segundo a sabedoria de Deus foi substituída pela sedução das riquezas e pela posição que Deus lhe havia dado. Seus casamentos com mulheres estrangeiras, que adoravam deuses falsos, por fim o levaram — e toda a nação — à idolatria.

A lição é clara: manter nosso amor por Cristo e Sua sabedoria como prioridade, é o objetivo principal para aqueles que têm a intenção de viver para agradar a Deus em todo o percurso de sua vida. O comprometimento em seguir as riquezas da sabedoria de Deus nos capacitará a evitar os desvios que arruinaram Salomão.

Mantenha seu coração afinado com a sabedoria de Deus e obedeça à Sua voz. Essa é a maneira de terminar bem a vida. *Joe Stowell*

> **Se quiser seguir a Jesus, mantenha seu olhar fixo nele.**

**NOTAS**

**LEITURA BÍBLICA DE HOJE:** 1 Reis 3:4-6,9-14

⁴ *Certa vez, Salomão foi a Gibeão oferecer sacrifícios porque naquele lugar estava o altar mais famoso de todos. No passado ele havia queimado ali mil animais como sacrifício a Deus.* ⁵ *Naquela noite, o SENHOR Deus apareceu num sonho a Salomão e perguntou: —O que você quer que eu lhe dê?* ⁶ *Ele respondeu: —Tu sempre mostraste grande amor por Davi, meu pai, teu servo, e ele era bom, fiel e honesto para contigo. Tu continuaste a mostrar a ele o teu grande e constante amor e lhe deste um filho que hoje governa no lugar dele. [...]*

⁹ *Portanto, dá-me sabedoria para que eu possa governar o teu povo com justiça e saber a diferença entre o bem e o mal. Se não for assim, como é que eu poderei governar este teu grande povo?* ¹⁰ *Deus gostou de Salomão ter pedido isso* ¹¹ *e disse: —Já que você pediu sabedoria para governar com justiça, em vez de pedir vida longa, ou riquezas, ou a morte dos seus inimigos,* ¹² *eu darei o que você pediu. Darei a você sabedoria e inteligência, como ninguém teve antes de você, nem terá depois.* ¹³ *Mas lhe darei também o que não pediu: durante toda a sua vida, você terá riquezas e honras, mais do que qualquer outro rei.* ¹⁴ *E, se você me obedecer e guardar as minhas leis e os meus mandamentos, como fez Davi, o seu pai, eu lhe darei uma vida longa.*

## DIA 32

# SEMEADURA E COLHEITA

**Não se enganem: ninguém zomba de Deus. O que uma pessoa plantar, é isso mesmo que colherá.** (Gálatas 6:7)

No momento, parecia suficientemente inocente. Eu tinha acabado de chegar da escola, e disse para minha mãe que iria à casa de um amigo jogar futebol. Ela insistiu para que eu ficasse em casa e fizesse minhas tarefas escolares. Mas, em vez disso, saí pela porta dos fundos e passei as duas horas seguintes no quintal do meu amigo. Em uma última jogada, no entanto, me derrubaram e quebrei meu dente da frente. Quase enlouqueci de dor, mas não doeu tanto quanto contar aos meus pais.

Essa minha escolha em desobedecê-los, iniciou uma jornada de anos de problemas dentários e dor, com implicações que continuam até hoje. "Por certos erros, você nunca para de pagar", disse um jogador de futebol americano.

Séculos atrás, Paulo apresentou a mesma ideia, na lei universal da semeadura e da colheita. Ele disse: "O que uma pessoa plantar, é isso mesmo que colherá" (Gálatas 6:7). Nossas escolhas muitas vezes têm um alcance e impacto que jamais imaginávamos. As palavras do apóstolo nos lembram para fazermos escolhas sábias.

> O amanhã é uma boa razão para fazer a coisa certa hoje.

As escolhas que fazemos hoje trazem resultados com os quais teremos que lidar amanhã. É muito melhor evitar o pecado logo no início, do que lutar para superar as consequências dele.

*Bill Crowder*

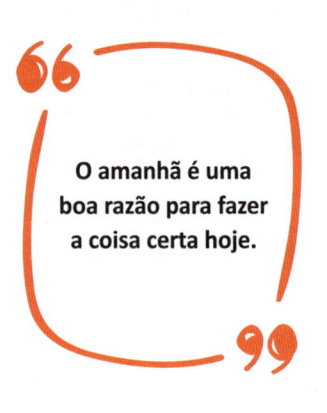

*Pai, por favor, ajuda-me a fazer boas escolhas e a lembrar-me da Tua misericórdia quando fizer escolhas ruins.*

**LEITURA BÍBLICA DE HOJE:** Gálatas 6:7-9

⁷ *Não se enganem: ninguém zomba de Deus. O que uma pessoa plantar, é isso mesmo que colherá.* ⁸ *Se plantar no terreno da sua natureza humana, desse terreno colherá a morte. Porém, se plantar no terreno do Espírito de Deus, desse terreno colherá a vida eterna.* ⁹ *Não nos cansemos de fazer o bem. Pois, se não desanimarmos, chegará o tempo certo em que faremos a colheita.*

## DIA 33

# O ÚNICO CAMINHO PARA DEUS

**Eu sou o caminho, a verdade e a vida; ninguém pode chegar até o Pai a não ser por mim.** (João 14:6)

Certa vez, vi a filha de Billy Graham, Anne Graham Lotz, num programa de entrevistas. O entrevistador perguntou: "Você é uma destas pessoas que creem que Jesus é exclusivamente o único caminho para o Céu?". E ainda acrescentou: "Você sabe como as pessoas nos dias de hoje ficam bravas com isto!". Sem sequer piscar os olhos, ela respondeu: "Jesus não é exclusivo. Ele morreu para que qualquer um possa ir a Ele e obter a salvação".

Que resposta maravilhosa! O cristianismo não é um clube, limitado apenas a uma pequena elite, que tem o perfil perfeito. Todos são bem-vindos, independentemente de raça, cor, classe social ou aparência.

Apesar disso, a reivindicação de Cristo de ser o único caminho para Deus (João 14:6), continua a irritar as pessoas. Todavia, Jesus é o único caminho, a única opção que funciona. Todos nós somos culpados perante Deus. Somos pecadores e não podemos ajudar a nós mesmos. Alguém tinha que lidar com o nosso pecado. Jesus, o Deus encarnado, morreu para pagar o preço pelos nossos pecados e ressuscitou dos mortos para nos garantir vida eterna. Nenhum outro líder religioso oferece o que Jesus provê em Sua vitória sobre o pecado e a morte.

> **Por qual caminho você tem andado? Se não estiver seguindo Jesus, como você pretende chegar até Deus se não há outro caminho?**

O evangelho de Cristo incomoda alguns, mas é a maravilhosa verdade, que Deus nos ama o suficiente para vir e cuidar do nosso maior problema: o pecado. Enquanto o pecado continuar sendo um problema, o mundo precisará de Jesus! *Joe Stowell*

## NOTAS

## LEITURA BÍBLICA DE HOJE: João 14:1-9

¹ Jesus disse: —Não fiquem aflitos. Creiam em Deus e creiam também em mim. ² Na casa do meu Pai há muitos quartos, e eu vou preparar um lugar para vocês. Se não fosse assim, eu já lhes teria dito. ³ E, depois que eu for e preparar um lugar para vocês, voltarei e os levarei comigo para que onde eu estiver vocês estejam também. ⁴ E vocês conhecem o caminho para o lugar aonde eu vou. ⁵ Então Tomé perguntou: —Senhor, nós não sabemos aonde é que o senhor vai. Como podemos saber o caminho? ⁶ Jesus respondeu: —Eu sou o caminho, a verdade e a vida; ninguém pode chegar até o Pai a não ser por mim. ⁷ Agora que vocês me conhecem, conhecerão também o meu Pai. E desde agora vocês o conhecem e o têm visto. ⁸ Filipe disse a Jesus: —Senhor, mostre-nos o Pai, e assim não precisaremos de mais nada. ⁹ Jesus respondeu: —Faz tanto tempo que estou com vocês, Filipe, e você ainda não me conhece? Quem me vê vê também o Pai. Por que é que você diz: "Mostre-nos o Pai"?

## DIA 34

# NÃO HÁ DESCULPAS

**Como dizem as Escrituras Sagradas: "Todos os que pedirem a ajuda do Senhor serão salvos".** (Romanos 10:13)

As pessoas têm muitas razões para rejeitar o evangelho. Uma delas é o fato de os cristãos terem ou não feito algo. Esses críticos dizem: "Conheço um cristão que me tratou muito mal", ou "Quando fui à igreja, ninguém falou comigo".

De fato, os cristãos não são perfeitos e muitos até podem ser maus exemplos. Mas culpar os outros não isenta uma pessoa de sua responsabilidade para com Deus.

A verdade contida nos evangelhos não depende da maneira como os outros vivem a sua fé. A salvação é obra exclusiva de Jesus. Paulo afirma: "Se você disser com a sua boca: 'Jesus é Senhor' e no seu coração crer que Deus ressuscitou Jesus, você será salvo" (Romanos 10:9).

Algumas pessoas podem usar os cristãos como desculpa para rejeitar o evangelho. Porém, certamente não poderão culpar Jesus, pois Ele não tem pecado e é perfeito em tudo. Pilatos disse sobre Ele: "...não encontrei nele nenhuma culpa dessas coisas de que vocês o acusam" (Lucas 23:14). E Jesus fez o que ninguém poderia ter feito: sofreu a morte na cruz para conceder salvação a todos os que creem nele. Esse fato torna difícil que alguém diga: "Não vou me tornar cristão porque não gosto do que Jesus fez".

> Não há desculpa para você dizer "não" a Cristo.

Não se desvie olhando para as falhas dos outros. Olhe para Jesus. Somente Ele é perfeito e o único caminho para o Céu.

*Dave Branon*

**NOTAS**

**LEITURA BÍBLICA DE HOJE: Romanos 10:1-2,4-6,8-10,13**

¹ *Meus irmãos, desejo de todo o coração que o meu próprio povo seja salvo. E peço a Deus em favor deles* ² *porque eu sou testemunha de que eles são muito dedicados a Deus. Mas a dedicação deles não está baseada no verdadeiro conhecimento. [...]*

⁴ *Porque, com Cristo, a lei chegou ao fim, e assim os que creem é que são aceitos por Deus.* ⁵ *Pois o que Moisés escreveu a respeito de as pessoas serem aceitas por Deus pela obediência à lei foi isto: "Viverá aquele que fizer o que a lei manda."* ⁶ *Porém, quanto a ser aceito por Deus por meio da fé, Moisés diz o seguinte: "Não fique pensando assim: quem vai subir até o céu?", isto é, para trazer Cristo do céu. [...]*

⁸ *O que Moisés diz é isto: "A mensagem de Deus está perto de você, nos seus lábios e no seu coração" — isto é, a mensagem de fé que anunciamos.* ⁹ *Se você disser com a sua boca: "Jesus é Senhor" e no seu coração crer que Deus ressuscitou Jesus, você será salvo.* ¹⁰ *Porque nós cremos com o coração e somos aceitos por Deus; falamos com a boca e assim somos salvos. [...]*

¹³ *Como dizem as Escrituras Sagradas: "Todos os que pedirem a ajuda do Senhor serão salvos".*

## DIA 35

# OBEDIÊNCIA: FÉ EM AÇÃO

**Ele respondeu: "Eu não quero ir". Mas depois mudou de ideia e foi.** (Mateus 21:29)

Você já teve que fazer uma tarefa da qual não gostava e sentia como se fosse a última coisa na Terra que gostaria de fazer? Cortar a grama, lavar a louça, limpar a casa, preparar algo para escola bíblica dominical ou fazer outra tarefa qualquer, depois de uma semana exaustiva. A vontade é de deixar tudo para depois, não é mesmo?

Quando isso acontece, minha esposa e eu temos um lema, que repetimos um para o outro: "Não tenho vontade, mas vou fazê-lo mesmo assim". É importante reconhecer a nossa falta de ânimo e depois escolher ser intencional, responsável. Isso nos ajuda a realizar as tarefas.

Nas parábolas de Jesus, percebemos o valor que Deus dá à fé e à obediência. Cristo contou a história de dois filhos que deveriam trabalhar na vinha do pai. O primeiro disse: "'Eu não quero ir'. Mas depois mudou de ideia e foi" (Mateus 21:29). O segundo disse: "'Sim, senhor'. Mas depois não foi" (v.30). E Jesus perguntou aos Seus ouvintes: "Qual deles fez o que o pai queria?" (v.31). A resposta é óbvia: aquele que terminou a tarefa.

Essa ilustração do Senhor sublinha um princípio espiritual importante: Deus está interessado em nossa fé e nossa obediência e não em nossas boas intenções. Da próxima vez que você se sentir tentado a fugir de suas obrigações, por que não reconhecer: "Não quero fazer isso", mas, imediatamente, pedir a Deus graça para realizar a tarefa mesmo assim?

> Obediência é fé em ação: "Eu não quero, mas farei isso em obediência ao Pai".

*Dennis Fisher*

*Pai, peço-te que me ajudes a ser bem-sucedido nas diferentes coisas que preciso fazer no dia a dia. Por vezes, sinto-me tentado a desistir, mas sei que é do Teu agrado que eu realize as minhas tarefas em obediência a ti.*

## LEITURA BÍBLICA DE HOJE: Mateus 21:28-32

[28] Jesus continuou: —E o que é que vocês acham disto? Certo homem tinha dois filhos. Ele foi falar com o mais velho e disse: "Filho, hoje você vai trabalhar na minha plantação de uvas." [29] —Ele respondeu: "Eu não quero ir." Mas depois mudou de ideia e foi. [30] —O pai foi e deu ao outro filho a mesma ordem. E este disse: "Sim, senhor." Mas depois não foi. [31] —Qual deles fez o que o pai queria? —perguntou Jesus. E eles responderam: —O filho mais velho. Então Jesus disse a eles: —Eu afirmo a vocês que isto é verdade: os cobradores de impostos e as prostitutas estão entrando no Reino de Deus antes de vocês. [32] Pois João Batista veio para mostrar a vocês o caminho certo, e vocês não creram nele; mas os cobradores de impostos e as prostitutas creram. Porém, mesmo tendo visto isso, vocês não se arrependeram e não creram nele.

## DIA 36

# OS IRMÃOS REBELDES

**Mas era preciso fazer esta festa para mostrar a nossa alegria. Pois este seu irmão estava morto e viveu de novo.** (Lucas 15:32)

A parábola do filho pródigo, na realidade, é a história de dois irmãos rebeldes e de seu pai amoroso. É uma história universal que representa a todos nós, seres humanos.

Eu não consigo me identificar totalmente com o filho pródigo. Viver de forma rebelde (irresponsavelmente) é algo estranho para mim. Entretanto, a atitude de autojustiça do irmão mais velho é algo que ressoa em minhas lutas espirituais. Seu problema talvez tenha sido mais sério do que o estilo de vida imoral, vivido abertamente pelo mais novo. O pecado do mais velho estava escondido, mas quando veio à tona foi fácil reconhecê-lo.

> O amor de Deus transforma rebeldes em filhos preciosos. Ele muda a todos nós, não importa com o que lutamos.

Eis suas características: ele escolheu a ira no lugar da aceitação (Lucas 15:28). Ele se afastou "e não quis entrar" (v.28). Ele disse ao seu pai: "esse seu filho" (v.30), em vez de dizer: "meu irmão". Claramente, o irmão mais velho não havia experimentado o milagre da graça.

Contudo, o pai amava os dois filhos, de forma incondicional. Com o filho pródigo correu ao seu encontro dando-lhe boas-vindas. E quanto ao mais velho, "o pai veio para fora e insistiu com ele para que entrasse" (v.28). Não houve uma repreensão áspera, apenas alegria por causa do filho mais novo e um coração que também ansiava pelo filho mais velho. Que figura maravilhosa de como Deus nos busca com Sua graça!

Com qual dos dois filhos você se identifica? Você já respondeu ao amor imensurável de seu Pai celestial?

*Dennis J. DeHaan*

### NOTAS

## LEITURA BÍBLICA DE HOJE: Lucas 15:25-32

²⁵ —Enquanto isso, o filho mais velho estava no campo. Quando ele voltou e chegou perto da casa, ouviu a música e o barulho da dança. ²⁶ Então chamou um empregado e perguntou: "O que é que está acontecendo?". ²⁷ —O empregado respondeu: "O seu irmão voltou para casa vivo e com saúde. Por isso o seu pai mandou matar o bezerro gordo". ²⁸ —O filho mais velho ficou zangado e não quis entrar. Então o pai veio para fora e insistiu com ele para que entrasse. ²⁹ Mas ele respondeu: "Faz tantos anos que trabalho como um escravo para o senhor e nunca desobedeci a uma ordem sua. Mesmo assim o senhor nunca me deu nem ao menos um cabrito para eu fazer uma festa com os meus amigos. ³⁰ Porém esse seu filho desperdiçou tudo o que era do senhor, gastando dinheiro com prostitutas. E agora ele volta, e o senhor manda matar o bezerro gordo!". ³¹ —Então o pai respondeu: "Meu filho, você está sempre comigo, e tudo o que é meu é seu. ³² Mas era preciso fazer esta festa para mostrar a nossa alegria. Pois este seu irmão estava morto e viveu de novo; estava perdido e foi achado".

## DIA 37

# AINDA NOVO

**Lembrem do evangelho que eu anunciei a vocês, o qual vocês aceitaram e no qual continuam firmes.** (1 Coríntios 15:1)

Você já percebeu quão rapidamente as coisas ficam velhas ou ultrapassadas?

Eu pensei nisso em um dia em que estava lecionando à minha turma na faculdade cristã. A instituição está na vanguarda, pois oferece um *tablet* a cada aluno. Não faz muito tempo, o fato de se ter computadores na biblioteca de uma universidade já era uma inovação. Depois a inovação foi colocar computadores nos dormitórios. Porém, um dia, até mesmo os dispositivos móveis se tornarão obsoletos.

Tudo o que o homem cria se torna ultrapassado com o tempo. Entretanto, isso não acontece com o evangelho de Cristo. Ele tem mais de 2.000 anos. E, embora existam muitas traduções atualizadas da Bíblia, o evangelho ainda é tão relevante hoje quanto na época em que foi registrado.

> **O evangelho jamais envelhece.**

O verdadeiro evangelho é este: Jesus Cristo veio ao mundo, viveu de maneira perfeita, entregou Sua vida ao morrer na cruz, foi sepultado num túmulo emprestado e ressuscitou dos mortos três dias depois (1 Coríntios 15:1-4). Ele tomou nossos pecados sobre si e, por isso, pode perdoar os pecados e nos tornar filhos de Deus, se colocarmos nossa fé e confiança inteiramente nele (Atos 13:38-39).

Permita que o maior relato de todos os tempos: o evangelho, transforme a sua vida para sempre. Ele nunca envelhece.

*Dave Branon*

---

*Como você se sente em relação ao evangelho de Jesus?*
*Se para você, ele parece algo ultrapassado, peça a Deus que*
*Ele renove a verdade dele em seu coração.*

## LEITURA BÍBLICA DE HOJE: 1 Coríntios 15:1-8

¹ Agora, irmãos, quero que lembrem do evangelho que eu anunciei a vocês, o qual vocês aceitaram e no qual continuam firmes. ² A mensagem que anunciei a vocês é o evangelho, por meio do qual vocês são salvos, se continuarem firmes nele. A não ser que não tenha adiantado nada vocês crerem nele. ³ Eu passei para vocês o ensinamento que recebi e que é da mais alta importância: Cristo morreu pelos nossos pecados, como está escrito nas Escrituras Sagradas; ⁴ ele foi sepultado e, no terceiro dia, foi ressuscitado, como está escrito nas Escrituras; ⁵ e apareceu a Pedro e depois aos doze apóstolos. ⁶ Depois apareceu, de uma só vez, a mais de quinhentos seguidores, dos quais a maior parte ainda vive, mas alguns já morreram. ⁷ Em seguida apareceu a Tiago e, mais tarde, a todos os apóstolos. ⁸ Por último, depois de todos, ele apareceu também a mim, como para alguém nascido fora de tempo.

## DIA 38

# BENEFÍCIO MÚTUO

**Pelo contrário, procurem em todas as ocasiões fazer o bem uns aos outros...** (1 Tessalonicenses 5:15)

Quando o meu primo me convidou para ir pescar lagostins, fiquei muito entusiasmado. Sorri quando ele me deu um balde de plástico. "Sem tampa?", indaguei. Então, ele respondeu: "Você não precisará de tampa".

Mais tarde, ao observar os pequenos crustáceos subindo uns nos outros na vã tentativa de fugir do balde quase cheio, percebi por que não precisaríamos de tampa. Sempre que um lagostim chegava à borda, os outros o puxavam de volta.

Aquela situação me fez lembrar do quanto é destrutivo pensar no nosso próprio ganho em vez de pensar no benefício coletivo. Paulo compreendia a necessidade de relacionamentos edificantes e interdependentes. Ele aconselhou os tessalonicenses a advertir os indisciplinados, encorajar os desanimados, ajudar os fracos e a serem pacientes com todos (v.14).

Elogiando essa comunidade (v.11), Paulo os incitou a manterem relacionamentos mais amáveis e pacíficos (vv.13-15). Esforçando-se para criar uma cultura de perdão, gentileza e compaixão, o relacionamento deles com Deus e com o próximo seria fortalecido (vv.15,23).

> **Como você edificará as pessoas em sua comunidade? Que cuidado e compaixão você tem recebido daqueles que creem em Jesus?**

A Igreja do Senhor pode crescer e ser testemunho de Cristo a partir desse tipo de unidade em amor. Como cristãos, quando honramos a Deus, comprometendo-nos a edificar os outros em vez de derrubá-los com palavras ou atitudes, nós e nossas comunidades somos edificados mutuamente.

*Xochitl Dixon*

---

*Pai, ao sermos tentados a derrubar os outros com nossas palavras e atitudes, peço-te que nos ajude a escolher a edificá-los.*

**LEITURA BÍBLICA DE HOJE: 1 Tessalonicenses 5:11-18**

¹¹ *Portanto, animem e ajudem uns aos outros, como vocês têm feito até agora.* ¹² *Irmãos, pedimos a vocês que respeitem aqueles que trabalham entre vocês, isto é, aqueles que foram escolhidos pelo Senhor para guiá-los e ensiná-los.* ¹³ *Tratem essas pessoas com o maior respeito e amor, por causa do trabalho que fazem. E vivam em paz uns com os outros.* ¹⁴ *Pedimos a vocês, irmãos, que aconselhem com firmeza os preguiçosos, deem coragem aos tímidos, ajudem os fracos na fé e tenham paciência com todos.* ¹⁵ *Tomem cuidado para que ninguém pague o mal com o mal. Pelo contrário, procurem em todas as ocasiões fazer o bem uns aos outros e também aos que não são irmãos na fé.* ¹⁶ *Estejam sempre alegres,* ¹⁷ *orem sempre* ¹⁸ *e sejam agradecidos a Deus em todas as ocasiões. Isso é o que Deus quer de vocês por estarem unidos com Cristo Jesus.*

## DIA 39

# PARA ONDE VOCÊ ESTÁ OLHANDO?

**Olho para os montes e pergunto: "De onde virá o meu socorro?".
O meu socorro vem do Senhor Deus...** (Salmo 121:1-2)

O que determina a direção da sua vida? Entendi isso num curso de pilotagem de motos. Para aprender a pilotar motos, meus amigos e eu fizemos um curso. Parte do treinamento ensinava algo sobre fixar o olhar no alvo certo.

"Ocasionalmente", disse o instrutor, "vocês se depararão com um obstáculo inesperado. Se mantiverem o olhar fixo nesse alvo, irão de encontro a ele. Mas se olharem por cima dele e passarem por ele, ao seguirem na direção que precisam, poderão evitá-lo normalmente. O lugar para onde estiverem olhando será a direção em que seguirão".

Esse princípio simples e profundo também se aplica à nossa vida espiritual. Quando "fixamos nosso olhar no alvo", focando-nos em nossos problemas ou lutas, quase automaticamente orientamos nossa vida ao redor disso.

A Bíblia nos encoraja a deixar de olhar para trás, para os nossos problemas, e a olhar Àquele que pode nos ajudar a resolvê-los. Observe o que diz o salmista: "Olho para os montes e pergunto: 'De onde virá o meu socorro?'". E ele mesmo responde: "O meu socorro vem do Senhor Deus [...]. Ele o guardará quando você for e quando voltar" (vv.1-2,8).

Às vezes, nossos obstáculos parecem intransponíveis. Mas Deus nos convida a olhar para cima, para Ele, assim enxergaremos além dos nossos problemas, em vez de permitir que eles dominem as nossas perspectivas.

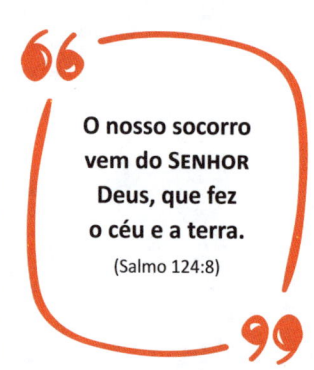

> **O nosso socorro vem do Senhor Deus, que fez o céu e a terra.**
> (Salmo 124:8)

*Adam R. Holz*

---

*Pai, ensina-me a não "fixar" o meu olhar nas coisas que estão acontecendo em minha vida hoje. Em vez disso, ajuda-me a olhar para ti enquanto eu o sigo pelo caminho da vida.*

## LEITURA BÍBLICA DE HOJE: Salmo 121

¹ *Olho para os montes e pergunto: "De onde virá o meu socorro?".* ² *O meu socorro vem do Senhor Deus, que fez o céu e a terra.* ³ *Ele, o seu protetor, está sempre alerta e não deixará que você caia.* ⁴ *O protetor do povo de Israel nunca dorme, nem cochila.* ⁵ *O Senhor guardará você; ele está sempre ao seu lado para protegê-lo.* ⁶ *O sol não lhe fará mal de dia, nem a lua, de noite.* ⁷ *O Senhor guardará você de todo perigo; ele protegerá a sua vida.* ⁸ *Ele o guardará quando você for e quando voltar, agora e sempre.*

## DIA 40

# PEQUENA, MAS GRANDE EM EFEITO

**É isto o que acontece com a língua: mesmo pequena, ela se gaba de grandes coisas.** (Tiago 3:5)

O mosquito é um inseto pequenino, mas o seu potencial de devastação é enorme. Quando eu estava na quinta série, fui picado por mosquitos nos meus dois joelhos. As picadas infeccionaram e pioraram, ao ponto de se tornarem um caso ameaçador de envenenamento do sangue. Por mais de um mês, recebi repetidas injeções de penicilina e meus joelhos tinham que ser puncionados e drenados duas vezes ao dia, a fim de remover a infecção. Isso foi muito doloroso e também assustador, para uma criança de dez anos. Até hoje tenho cicatrizes nos meus joelhos, por conta desses procedimentos. E tudo por causa de algo tão pequeno como um mosquito.

Tiago, meio-irmão de Jesus, nos adverte sobre algo pequeno que pode igualmente ser destrutivo. Ele diz que, embora a língua seja pequena, ela se vangloria de grandes coisas. Ela é como uma pequena chama que pode incendiar "uma grande floresta" (3:5). Embora a língua seja pequena, não há nada pequeno com relação ao dano que ela pode causar. As palavras trazem em si o poder de curar, ou a capacidade de destruir — e isso em proporções maiores do que o veneno de qualquer picada de mosquito.

> **É melhor morder a sua língua do que deixar que ela "morda" uma outra pessoa.**

É essencial que usemos nossas palavras com grande sabedoria e cuidado. Considere cuidadosamente as palavras que você escolhe. Será que estão temperadas com o bálsamo da graça ou com o veneno da ira?

*Bill Crowder*

*Pai, entendo que minhas palavras são importantes e fazem diferença, para o bem ou para o mal. Ajuda-me a sempre refletir antes de reagir às situações e às pessoas, a fim de que as minhas palavras não causem danos.*

**LEITURA BÍBLICA DE HOJE:** Tiago 3:1-3,5-6,8-10

¹ *Meus irmãos, somente poucos de vocês deveriam se tornar mestres na Igreja, pois vocês sabem que nós, os que ensinamos, seremos julgados com mais rigor do que os outros.* ² *Todos nós sempre cometemos erros. Quem não comete nenhum erro no que diz é uma pessoa madura, capaz de controlar todo o seu corpo.* ³ *Até na boca dos cavalos colocamos um freio para que nos obedeçam e assim fazemos com que vão aonde queremos. [...]*

⁵ *É isto o que acontece com a língua: mesmo pequena, ela se gaba de grandes coisas. Vejam como uma grande floresta pode ser incendiada por uma pequena chama!* ⁶ *A língua é um fogo. Ela é um mundo de maldade, ocupa o seu lugar no nosso corpo e espalha o mal em todo o nosso ser. Com o fogo que vem do próprio inferno, ela põe toda a nossa vida em chamas. [...]*

⁸ *Mas ninguém ainda foi capaz de dominar a língua. Ela é má, cheia de veneno mortal, e ninguém a pode controlar.* ⁹ *Usamos a língua tanto para agradecer ao Senhor e Pai como para amaldiçoar as pessoas, que foram criadas parecidas com Deus.* ¹⁰ *Da mesma boca saem palavras tanto de agradecimento como de maldição. Meus irmãos, isso não deve ser assim.*

# ACREDITAVA QUE PRECISAVA SER BONITA!

Na escola, eu gostava de ouvir as últimas novidades da música *pop* e acompanhar a vida dos cantores e artistas. Eu curtia muito isso, pois parecia que eles tinham tudo o que eu desejava: aparência, fama e fãs.

Cobria minha pasta escolar com fotos deles. Gastei dinheiro assinando revistas *on-line* repletas de fofocas, entrevistas e fotos. Buscava saber os detalhes da vida deles; por isso, consumia tudo o que encontrava. Se alguma vez eu fizesse uma prova sobre as contas de *Instagram* das minhas celebridades do *pop* favoritas, eu tiraria facilmente um 10.

Contudo, eu não apenas seguia essas celebridades, eu também me comparava a elas. As que eu mais gostava eram todas bonitas e magras, mas quando me olhava no espelho, via apenas uma garota comum. Eu realmente detestava a minha aparência. Eu não era alta nem magra.

Logo comecei a sentir-me insatisfeita comigo mesma e a odiar o meu corpo. Acreditava que as celebridades eram populares porque elas tinham uma boa aparência.

Quando li sobre celebridades fazendo dieta para obterem o corpo "ideal", pensei: *Uau, eu deveria fazer isso também!* Muitas celebridades também promovem produtos e programas de emagrecimento, embora não sejam gordas. E sempre que essas celebridades perdiam peso, os fãs e a mídia manifestavam preocupação com a saúde delas. Parecia que as celebridades recebiam mais atenção e tornavam-se mais populares quando faziam dieta; logo, pensei que vivenciaria o mesmo se eu seguisse os passos delas.

Passei a acreditar que ser magra equivalia a ser linda. Embora não pudesse mudar minha aparência ou altura, eu poderia alterar o meu peso. Então, mesmo estando abaixo do peso, fiz dieta. Entretanto, não importava o quanto eu me esforçasse, nunca conseguia me parecer com as celebridades que admirava.

Muitas vezes, reduzia o consumo de calorias, o que me deixava mal-humorada e lenta. Durante as provas e os horários de pico, eu prestava menos atenção às celebridades, pois tinha mais coisas com as quais me importar. Mas continuei fazendo dieta e controlando o peso.

Porém, isso tudo mudou quando eu conheci Jesus, há alguns anos. Devido a certos problemas familiares, comecei a ler a Bíblia, na esperança de obter algumas respostas, e encontrei nela um grande consolo. Como eu estava centrada no que Deus tinha a dizer, meu interesse por celebridades tornou-se coisa do passado. Durante esse difícil período, minhas necessidades emocionais foram totalmente satisfeitas em Deus (e de uma forma que jamais aconteceu quando eu era obcecada por celebridades) e finalmente encontrei minha identidade em Cristo; Deus me supriu plenamente.

Conforme Isaías 43:7, fomos criados para manifestar a grandeza de Deus, louvá-lo e fazer com que tudo seja sobre Ele. Deu nos Deus vida e devemos louvá-lo e alegrarmo-nos nele. O propósito da minha existência é glorificar a Deus! Posso não ser tão bonita

> "Todos eles são o meu próprio povo; eu os criei e lhes dei vida a fim de que mostrem a minha grandeza."
>
> (Isaías 43:7 NTLH)

quanto às celebridades, ou a mais inteligente, ou a melhor em qualquer coisa que faço, mas não é isso que importa, visto que meu propósito é viver e relacionar-me com Jesus, conhecendo-o por mim mesma!

Também aprendi, em 1 Coríntios 6:19-20, que meu corpo é o templo do Espírito Santo. Eu não sou minha; meu corpo pertence a Deus. Devo cuidar bem dele porque Deus vive comigo e em mim, mediante o habitar do Espírito Santo. Isso significa seguir uma dieta balanceada para manter meu corpo saudável.

Lentamente, aprendi a aceitar minha aparência. Sei que Deus me criou e está satisfeito comigo. Ele não me compara a celebridade alguma. Na verdade, Ele me ama tanto que nada pode me separar do Seu amor (Romanos 8:35)!

Quando li recentemente sobre o número crescente de suicídios entre estrelas *pop* coreanas (*K-Pop*), pude imaginar a escuridão que enfrentam: as intermináveis comparações com outras estrelas globais, as pressões para atuar repetidamente, as críticas nas redes sociais. Acredito que ninguém quer chegar a este ponto: o suicídio.

Diante disso, lembrei-me da letra de uma música infantil que cantava na minha classe de ensino bíblico: "Com Cristo no barco / Tudo vai muito bem / E passa o temporal". Apesar de simples, essa mensagem afirma que em nossos momentos mais sombrios podemos clamar a Deus, pois Ele não nos abandona nem nos deixa sozinhos para resolver nossos problemas. Ele fará "a escuridão que [nos] cerca [...] virar luz" (Isaías 42:16). Se ao menos aquelas celebridades do *K-Pop* pudessem saber o quanto Deus as amava!

Comparar-nos com outras pessoas é algo terrível. Isso, na época da escola, entristeceu-me e me impediu de usufruir da amizade de Deus e do que Ele queria fazer em minha vida. Hoje, entendo que as celebridades que eu admirava envelhecerão. A beleza física delas desaparecerá. Um dia elas perderão todas as coisas que eu invejava nelas. Os propósitos de Deus e as Suas promessas para nós duram para sempre. A atenção e o amor que eu queria (e preciso) não vêm de uma "aparência bonita", na verdade, são encontrados somente em Jesus.

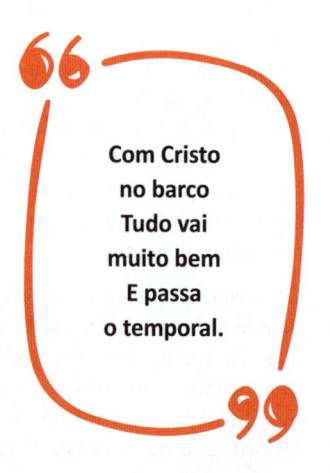

> "Com Cristo no barco Tudo vai muito bem E passa o temporal."

Em vez de seguir as celebridades e a beleza física, agora tento passar mais tempo lendo o que Deus tem a dizer sobre Ele e sobre mim na Bíblia. Quero continuar aprendendo mais sobre o Senhor, Aquele que me criou como eu sou e que me ama o suficiente para resgatar a minha vida. Ele enviou o Seu Filho, Jesus Cristo, para morrer em meu lugar a fim de me reconciliar com Ele, garantindo-me assim a vida eterna.

Meu interesse mudou de músicas *pop* para infinitas canções de louvor ao Senhor. Deus tem sido o meu grande conforto e esperança em meus dias mais sombrios, e Ele continuará a ser "a minha força e o meu escudo [...]; por isso, o meu coração está feliz, e eu canto hinos em seu louvor" (Salmo 28:7). Somente nele, encontro descanso e paz.

---

Extraído e adaptado de *ymi.today/i-thought-i-needed-to-be-beautiful*

## DIA 41

# SER AMIGO DE DEUS

**E Deus nos mandou entregar a mensagem que fala da maneira como ele faz com que eles se tornem seus amigos.** (2 Coríntios 5:19)

Depois de visitar um albergue para desabrigados, um grupo de adolescentes não podia esperar até poder expressar o que haviam experimentado. Animados, escreveram sobre suas conversas com homens e mulheres de todas as idades que eram pobres e indigentes.

Um adolescente escreveu: "Eu falei com um veterano do Vietnã e disse-lhe que no Céu ele terá um corpo novo. Pude animá-lo na sua fé". Um outro disse: "Um homem me contou que, embora estivesse vivendo num albergue para desabrigados, ter fé fazia toda a diferença". E ainda um outro compartilhou: "Falei com um homem que estava quase deixando de crer em Deus. Eu tentei encorajá-lo na sua fé".

Enquanto desejavam compartilhar a mensagem de salvação em Cristo, esses adolescentes ficaram surpresos em ver que algumas das pessoas já conheciam a Deus. Foi superando o desconforto das diferenças que esses jovens descobriram pessoas que necessitavam da certeza de que Deus ainda estava cuidando delas. Então, o papel desses adolescentes mudou: em vez de compartilhar as boas-novas, eles guiaram seus novos amigos a uma fé mais profunda.

> **Uma palavra de encorajamento pode fazer a diferença entre desistir ou seguir em frente.**

Ser amigo de Deus (2 Coríntios 5:20) abre portas de oportunidade tanto, para compartilhar o evangelho, como encorajar os que estão desanimados. Procure alguém, hoje, que precisa de encorajamento ou da mensagem da amizade com Deus. 

*Dave Branon*

**NOTAS**
_____
_____

## LEITURA BÍBLICA DE HOJE: 2 Coríntios 5:14-21

¹⁴ *Porque somos dominados pelo amor que Cristo tem por nós, pois reconhecemos que um homem, Jesus Cristo, morreu por todos, o que quer dizer que todos tomam parte na sua morte.* ¹⁵ *Ele morreu por todos para que os que vivem não vivam mais para si mesmos, mas vivam para aquele que morreu e foi ressuscitado para a salvação deles.* ¹⁶ *Por isso, daqui em diante, não vamos mais usar regras humanas quando julgarmos alguém. E, se antes de nos termos tornado cristãos julgamos Cristo de acordo com regras humanas, agora não fazemos mais isso.* ¹⁷ *Quem está unido com Cristo é uma nova pessoa; acabou-se o que era velho, e já chegou o que é novo.* ¹⁸ *Tudo isso é feito por Deus, o qual, por meio de Cristo, nos transforma de inimigos em amigos dele. E Deus nos deu a tarefa de fazer com que os outros também sejam amigos dele.* ¹⁹ *A nossa mensagem é esta: Deus não leva em conta os pecados dos seres humanos e, por meio de Cristo, ele está fazendo com que eles sejam seus amigos. E Deus nos mandou entregar a mensagem que fala da maneira como ele faz com que eles se tornem seus amigos.* ²⁰ *Portanto, estamos aqui falando em nome de Cristo, como se o próprio Deus estivesse pedindo por meio de nós. Em nome de Cristo nós pedimos a vocês que deixem que Deus os transforme de inimigos em amigos dele.* ²¹ *Em Cristo não havia pecado. Mas Deus colocou sobre Cristo a culpa dos nossos pecados para que nós, em união com ele, vivamos de acordo com a vontade de Deus.*

## DIA 42

# OBRA DE ARTE EMOTIVA

**Tenham o mesmo modo de pensar e de sentir. Amem uns aos outros e sejam educados e humildes uns com os outros.** (1 Pedro 3:8)

Cientistas da computação, britânicos e norte-americanos, criaram desenhos artísticos que mudam de acordo com os sentimentos do observador. O programa de computador analisa a posição e o formato da boca, o ângulo das sobrancelhas, a abertura dos olhos e cinco outros traços faciais, a fim de determinar o estado emocional da pessoa. O desenho se altera conforme o humor do observador. Se houver alegria no rosto, o desenho vai aparecer em cores vivas e brilhantes; se houver uma expressão de mau humor, a imagem se tornará escura e nebulosa.

Nosso humor também pode afetar as pessoas ao nosso redor: nossa família, amigos, colegas de trabalho e conhecidos. Nossa vida afeta as pessoas, para o bem ou para o mal. Claro que cada pessoa é responsável pela própria reação com relação a nós. Porém, a maneira como nos comportamos pode afetar a vida de outros.

O apóstolo Pedro nos encoraja a ter compaixão pelos outros, a amar, ser bondosos e respeitosos e não retribuir mal com mal; mas sim abençoar (1 Pedro 3:8-9). Pode ser difícil seguirmos suas instruções num dia quando nos sentimos irritados. Porém, ao depender do Espírito Santo, podemos impactar positivamente a todos que encontramos; mesmo quando tudo o que fazemos é apenas sorrir ou ouvir.

Vamos contribuir para que o mundo tenha cores mais brilhantes, hoje.

*Anne Cetas*

> **É perceptível em nossa face quando desfrutamos de nossa caminhada com Deus.**

*Você presta atenção ao efeito que sua vida tem sobre as pessoas ao seu redor? Você acredita que alguém presta atenção em como você age ou fala? Por quê? Você mudaria seu comportamento se soubesse que está sendo observado?*

## LEITURA BÍBLICA DE HOJE: 1 Pedro 3:8-12

*⁸ Finalmente, que todos vocês tenham o mesmo modo de pensar e de sentir. Amem uns aos outros e sejam educados e humildes uns com os outros. ⁹ Não paguem mal com mal, nem ofensa com ofensa. Pelo contrário, paguem a ofensa com uma bênção porque, quando Deus os chamou, ele prometeu dar uma bênção a vocês. ¹⁰ Como dizem as Escrituras Sagradas: "Quem quiser gozar a vida e ter dias felizes não fale coisas más e não conte mentiras. ¹¹ Afaste-se do mal e faça o bem; procure a paz e faça tudo para alcançá-la. ¹² Pois o Senhor olha com atenção as pessoas honestas e ouve os seus pedidos, porém é contra os que fazem o mal".*

## DIA 43

# VOCÊ ESTÁ QUASE LÁ!

**Pensemos uns nos outros a fim de ajudarmos todos a terem mais amor e a fazerem o bem.** (Hebreus 10:24)

A aproximadamente um quilômetro e meio da linha de chegada da Maratona de Londres, milhares de espectadores, segurando cartazes, estavam enfileirados no percurso. Quando avistavam um familiar ou um amigo se aproximando, gritavam o nome da pessoa, sacudiam os cartazes e os encorajavam: "Só um pouco mais! Continue! Você está quase lá". Depois de correr 40 quilômetros, muitos competidores quase não conseguiam mais andar e estavam prestes a desistir. Foi incrível ver como corredores exaustos se animavam e aceleravam o passo quando viam alguém que conheciam ou ouviam gritarem bem alto os seus nomes.

Encorajamento! Todos nós precisamos dele, especialmente na nossa caminhada de fé. O autor de Hebreus nos orienta a incentivarmos uns aos outros: "Pensemos uns nos outros a fim de ajudarmos todos a terem mais amor e a fazerem o bem. Não abandonemos [...] o costume de assistir às nossas reuniões. Pelo contrário, animemos uns aos outros e ainda mais agora que vocês veem que o dia está chegando" (10:24-25).

O Novo Testamento está repleto com a mensagem de que, em breve, Cristo voltará. "O Senhor virá logo" (Filipenses 4:5). "Não desanimem, pois o Senhor virá logo" (Tiago 5:8). "—Escutem! — diz Jesus. —Eu venho logo!" (Apocalipse 22:12).

À medida que o dia do Senhor se aproxima, continuemos a encorajar uns aos outros na fé. "Continue! Você está quase lá! A linha de chegada já está à vista". *David McCasland*

> **Mesmo que você não tenha nada mais para oferecer, você pode encorajar.**

*Senhor Jesus, eu sei que Tu voltarás em breve! Ajuda-me a encorajar outras pessoas com essa verdade, pois precisamos estar prontos quando Tu chegares para nos buscar.*

**LEITURA BÍBLICA DE HOJE: Hebreus 10:19-25**

[19] *Por isso, irmãos, por causa da morte de Jesus na cruz nós temos completa liberdade de entrar no Lugar Santíssimo.* [20] *Por meio da cortina, isto é, por meio do seu próprio corpo, ele nos abriu um caminho novo e vivo.* [21] *Nós temos um Grande Sacerdote para dirigir a casa de Deus.* [22] *Portanto, cheguemos perto de Deus com um coração sincero e uma fé firme, com a consciência limpa das nossas culpas e com o corpo lavado com água pura.* [23] *Guardemos firmemente a esperança da fé que professamos, pois podemos confiar que Deus cumprirá as suas promessas.* [24] *Pensemos uns nos outros a fim de ajudarmos todos a terem mais amor e a fazerem o bem.* [25] *Não abandonemos, como alguns estão fazendo, o costume de assistir às nossas reuniões. Pelo contrário, animemos uns aos outros e ainda mais agora que vocês veem que o dia está chegando.*

## DIA 44

# ENCONTRANDO JESUS

**Eu estou à porta e bato. Se alguém ouvir a minha voz e abrir a porta, eu entrarei na sua casa, e nós jantaremos juntos.** (Apocalipse 3:20)

Se eu perguntasse: "Onde está o Wally?", você talvez se lembraria daqueles livros infantis que foram populares nos anos 80. Aquele pequeno personagem de camisa listrada, vermelha e branca, gostava de se esconder em meio a uma porção de outras imagens que quase impossibilitavam encontrá-lo.

Graças a Deus, encontrar a Jesus é bem mais fácil do que encontrar o Wally. Jesus não brinca de esconde-esconde. Ele diz: "Eu estou à porta e bato" (Apocalipse 3:20). Você pode encontrá-lo, à porta do seu coração, no centro da sua existência, esperando para habitar em você. Ele não quer encontrá-lo apenas na igreja nem permanecer às margens externas da sua vida. Ao contrário, ele anseia estar no centro dos seus sonhos, reflexões e desejos. Ele quer relacionar-se profundamente com o seu verdadeiro eu.

> Jesus está esperando à porta do seu coração, abra-a e dê a Ele as boas-vindas.

No entanto, por mais maravilhoso que isso seja, preciso alertá-lo que poderá ser um pouco desconfortável. O seu coração, sem dúvida, está abrigando algumas coisas que Jesus deseja resolver junto com você. Mas não há nada que seja mais valioso do que a intimidade com Ele.

Dê boas-vindas a Jesus, e Ele removerá a confusão em seu interior, até que o ar esteja aromatizado e fresco, cheio da pureza, do poder e da alegria da presença dele.

*Joe Stowell*

---

*Agradeço-te, Jesus, por realmente desejares habitar em minha vida! Não preciso implorar ou convencer-te a fazer isso. Tu sabes tudo sobre mim, e ainda queres que eu seja Teu. Graças te dou pelo Teu imenso amor!*

**LEITURA BÍBLICA DE HOJE: Apocalipse 3:14-22**

¹⁴ —Ao anjo da igreja de Laodiceia escreva o seguinte: "Esta é a mensagem do Amém, da testemunha fiel e verdadeira, daquele por meio de quem Deus criou todas as coisas. ¹⁵ Eu sei o que vocês têm feito. Sei que não são nem frios nem quentes. Como gostaria que fossem uma coisa ou outra! ¹⁶ Mas, porque são apenas mornos, nem frios nem quentes, vou logo vomitá-los da minha boca. ¹⁷ Vocês dizem: 'Somos ricos, estamos bem de vida e temos tudo o que precisamos'. Mas não sabem que são miseráveis, infelizes, pobres, nus e cegos. ¹⁸ Portanto, aconselho que comprem de mim ouro puro para que sejam, de fato, ricos. E comprem roupas brancas para se vestir e cobrir a sua nudez vergonhosa. Comprem também colírio para os olhos a fim de que possam ver. ¹⁹ Eu corrijo e castigo todos os que amo. Portanto, levem as coisas a sério e se arrependam. ²⁰ Escutem! Eu estou à porta e bato. Se alguém ouvir a minha voz e abrir a porta, eu entrarei na sua casa, e nós jantaremos juntos. ²¹ Aos que conseguirem a vitória eu darei o direito de se sentarem ao lado do meu trono, assim como eu consegui a vitória e agora estou sentado ao lado do trono do meu Pai. ²² Portanto, se vocês têm ouvidos para ouvir, então ouçam o que o Espírito de Deus diz às igrejas".

## DIA 45

# PASSO FIRME

**O Senhor Deus é a minha força. Ele torna o meu andar firme […] e estarei seguro.** (Habacuque 3:19)

Quando fui ao Chile para uma conferência bíblica, eu estava no hotel, descansando, e começou a passar na TV um jogo de rúgbi. Embora eu não entenda muito bem esse jogo, gosto de assistir e admiro a coragem que é necessária para se praticar um esporte tão perigoso.

Durante o jogo, um dos jogadores franceses se machucou e teve que ser retirado do campo. Enquanto os treinadores o atendiam, a emissora mostrou de perto suas chuteiras. O jogador havia escrito com caneta preta: "Habacuque 3:19" e "Jesus é o caminho". Tais expressões de fé e esperança foram um forte testemunho da prioridade e valores daquele jovem desportista.

A referência bíblica indicada no calçado daquele jogador não é um versículo que fala apenas de esperança celestial e perseverança na fé. Ele contém um valor prático, especialmente para um atleta que depende da velocidade para obter sucesso. O texto diz: "O Senhor Deus é a minha força. Ele torna o meu andar firme […] e estarei seguro".

> **Sempre temos o suficiente quando Deus é a nossa provisão.**

Em tudo na vida, precisamos da força e da provisão do nosso Deus. Apenas Ele pode nos conceder "pés" rápidos e fortes. Somente Ele pode nos equipar para todas as incertezas da vida, pois unicamente Ele é a nossa força. Como Paulo, podemos ter certeza disto: "E o meu Deus, de acordo com as gloriosas riquezas que ele tem para oferecer por meio de Cristo Jesus, lhes dará tudo o que vocês precisam" (Filipenses 4:19).

*Bill Crowder*

### NOTAS

## LEITURA BÍBLICA DE HOJE: Filipenses 4:10-19

¹⁰ *Na minha vida em união com o Senhor, fiquei muito alegre porque vocês mostraram de novo o cuidado que têm por mim. Não quero dizer que vocês tivessem deixado de cuidar de mim; é que não tiveram oportunidade de mostrar esse cuidado.* ¹¹ *Não estou dizendo isso por me sentir abandonado, pois aprendi a estar satisfeito com o que tenho.* ¹² *Sei o que é estar necessitado e sei também o que é ter mais do que é preciso. Aprendi o segredo de me sentir contente em todo lugar e em qualquer situação, quer esteja alimentado ou com fome, quer tenha muito ou tenha pouco.* ¹³ *Com a força que Cristo me dá, posso enfrentar qualquer situação.* ¹⁴ *Mesmo assim vocês fizeram bem em me ajudar nas minhas aflições.* ¹⁵ *Vocês, filipenses, sabem muito bem que, quando eu saí da província da Macedônia, nos primeiros tempos em que anunciei o evangelho, a igreja de vocês foi a única que me ajudou. Vocês foram os únicos que participaram dos meus lucros e dos meus prejuízos.* ¹⁶ *Em Tessalônica, mais de uma vez precisei de auxílio, e vocês o enviaram.* ¹⁷ *Não é que eu só pense em receber ajuda. Pelo contrário, quero ver mais lucros acrescentados à conta de vocês.* ¹⁸ *Aqui está o meu recibo de tudo o que vocês me enviaram e que foi mais do que o necessário. Tenho tudo o que preciso, especialmente agora que Epafrodito me trouxe as coisas que vocês mandaram, as quais são como um perfume suave oferecido a Deus, um sacrifício que ele aceita e que lhe agrada.* ¹⁹ *E o meu Deus, de acordo com as gloriosas riquezas que ele tem para oferecer por meio de Cristo Jesus, lhes dará tudo o que vocês precisam.*

## DIA 46

# PAUSA PARA UM CAFÉ

**Sentou-se à mesa com eles, pegou o pão e deu graças a Deus. Depois partiu o pão e deu a eles.** (Lucas 24:30)

A cafeteria da cidade perto da minha casa se chama *Fika*. É uma palavra sueca que significa fazer uma pausa com café e bolo, sempre na companhia de alguém, seja da família, de colegas do trabalho ou amigos. Eu não sou sueca, mas a ideia do que é *Fika* descreve o que eu mais amo em Jesus: Sua prática de fazer uma refeição junto aos Seus e relaxar com eles.

Os estudiosos bíblicos dizem que as refeições de Jesus não eram aleatórias. À mesa, Jesus vivia o que Deus havia planejado para Israel: um centro de alegria, celebração e justiça para o mundo inteiro.

Desde alimentar 5.000 pessoas à Última Ceia e até à refeição com dois de Seus discípulos após ter ressuscitado (v.30), o ministério de "à mesa" de Jesus nos convida a fazer uma pausa em nossos constantes esforços e permanecer com Ele e nele.

Sentada recentemente com uma amiga na *Fika*, tomando um chocolate quente com pãezinhos, começamos a falar sobre Jesus. Ele é o Pão da Vida. Que invistamos tempo na presença do Senhor e encontremos mais dele à Sua mesa.

*Patricia Raybon*

> **Arranje tempo para nutrir-se com o Pão da Vida.**

*Jesus, agradeço-te por reservares tempo e espaço para nos assentarmos à Tua mesa contigo.*

**LEITURA BÍBLICA DE HOJE:** Lucas 24:28-35

²⁸ *Quando chegaram perto do povoado para onde iam, Jesus fez como quem ia para mais longe.* ²⁹ *Mas eles insistiram com ele para que ficasse, dizendo: —Fique conosco porque já é tarde, e a noite vem chegando. Então Jesus entrou para ficar com os dois.* ³⁰ *Sentou-se à mesa com eles, pegou o pão e deu graças a Deus. Depois partiu o pão e deu a eles.* ³¹ *Aí os olhos deles foram abertos, e eles reconheceram Jesus. Mas ele desapareceu.* ³² *Então eles disseram um para o outro: —Não parecia que o nosso coração queimava dentro do peito quando ele nos falava na estrada e nos explicava as Escrituras Sagradas?* ³³ *Eles se levantaram logo e voltaram para Jerusalém, onde encontraram os onze apóstolos reunidos com outros seguidores de Jesus.* ³⁴ *E os apóstolos diziam: —De fato, o Senhor foi ressuscitado e foi visto por Simão!* ³⁵ *Então os dois contaram o que havia acontecido na estrada e como tinham reconhecido o Senhor quando ele havia partido o pão.*

# DIA 47

## UM MINUTO PARA LOUVAR!

**Que as nações se alegrem e cantem de alegria...**
(Salmo 67:4)

Quando o alarme no telefone de Sheila toca todos os dias às 15h16, ela faz uma pausa para louvar, agradecer a Deus e reconhecer a Sua bondade. Embora ela se comunique com Deus ao longo do dia, Sheila gosta dessa pausa, pois isso a ajuda a celebrar o seu relacionamento íntimo com o seu Senhor.

Inspirada por sua alegre devoção, decidi estabelecer um horário específico a cada dia para agradecer a Cristo por Seu sacrifício na cruz e a orar pelos não salvos. Pergunto-me como seria se todos os cristãos parassem para louvar ao Senhor à sua maneira e a orar pelos outros todos os dias?

A imagem de uma bela onda de adoração atingindo os confins da Terra ressoa nas palavras do Salmo 67. O salmista pede a graça de Deus, proclamando o seu desejo de tornar o Seu nome excelente em todas as nações (vv.1-2). Ele canta: "Que os povos te louvem, ó Deus! Que todos os povos te louvem!" (v.3). E celebra o Seu governo soberano e a Sua justiça (v.4). Como testemunho vivo do grande amor de Deus e das abundantes bênçãos que dele provêm, o salmista lidera o povo de Deus em louvores jubilosos (vv.5-6).

> **Deus, tu és digno de todo o nosso louvor!**

A contínua fidelidade de Deus para com os Seus filhos amados nos inspira a reconhecê-lo. Quando fazemos isso, outros podem se juntar a nós confiando nele, reverenciando-o, seguindo-o e o aclamando como Senhor de suas vidas.

*Xochitl Dixon*

---

*Você pode dedicar alguns minutos hoje para louvar a Deus?*
*Qual o seu motivo de gratidão?*

## LEITURA BÍBLICA DE HOJE: Salmo 67

¹ Ó Deus, tem misericórdia de nós e abençoa-nos! Trata-nos com bondade. ² Assim o mundo inteiro conhecerá a tua vontade, e a tua salvação será conhecida por todos os povos. ³ Que os povos te louvem, ó Deus! Que todos os povos te louvem! ⁴ Que as nações se alegrem e cantem de alegria porque julgas os povos com justiça e guias as nações do mundo! ⁵ Que os povos te louvem, ó Deus! Que todos os povos te louvem! ⁶ A terra deu a sua colheita; Deus, o nosso Deus, nos tem abençoado. ⁷ Ele nos tem abençoado; que os povos do mundo inteiro o temam!

## DIA 48

# CORAGEM PARA QUÊ?

**Pois o Espírito [...] não nos torna medrosos; pelo contrário, [...] nos enche de poder e de amor...** (2 Timóteo 1:7)

Diz a lenda que, nas bordas dos mapas medievais, os cartógrafos demarcavam as fronteiras com as estas palavras: "Aqui existem dragões" — muitas vezes ao lado de vívidas ilustrações desses aterrorizantes animais supostamente à espreita.

Não há muita evidência de que eles escreveram mesmo isso, mas gosto de pensar que o fizeram. Talvez porque essas palavras soam como algo que eu poderia ter escrito na época — um alerta implacável de que, mesmo não sabendo o que aconteceria se me aventurasse no grande desconhecido, provavelmente não seria bom!

Porém, há um problema gritante com minha política preferida de autoproteção e aversão ao risco: é o oposto da coragem à qual somos chamados como filhos de Deus (2 Timóteo 1:7).

Pode-se até dizer que estamos errados sobre o que é realmente perigoso. Como Paulo explicou, num mundo decaído, seguir a Cristo corajosamente às vezes será doloroso (v.8). Mas, como pessoas resgatadas da morte para a vida e tendo recebido a vida do Espírito fluindo em e por meio de nós (vv.9-10,14), como poderíamos não seguir o Senhor?

> **Você pode seguir Jesus aonde Ele for, pois Ele o manterá seguro nele.**

Quando Deus nos dá um presente tão espantoso, a verdadeira tragédia seria retrocedermos com medo. Seria muito pior do que qualquer coisa que possamos enfrentar ao seguirmos a direção de Cristo em território desconhecido (vv.6-8,12). Podemos confiar a Ele o nosso coração e o nosso futuro (v.12). *Monica La Rose*

*Pai, agradeço-te pela nova vida que Tu nos deste em Cristo e por nos manter perto de ti, mesmo quando atravessamos lugares perigosos. Ajuda-nos a encontrar a Tua paz, enquanto te seguimos por onde quer que fores.*

## LEITURA BÍBLICA DE HOJE: 2 Timóteo 1:6-14

⁶ *Por isso quero que você lembre de conservar vivo o dom de Deus que você recebeu quando coloquei as mãos sobre você.* ⁷ *Pois o Espírito que Deus nos deu não nos torna medrosos; pelo contrário, o Espírito nos enche de poder e de amor e nos torna prudentes.* ⁸ *Portanto, não se envergonhe de dar o seu testemunho a favor do nosso Senhor, nem se envergonhe de mim, que estou na cadeia porque sou servo dele. Pelo contrário, com a força que vem de Deus, esteja pronto para sofrer comigo por amor ao evangelho.* ⁹ *Deus nos salvou e nos chamou para sermos o seu povo. Não foi por causa do que temos feito, mas porque este era o seu plano e por causa da sua graça. Ele nos deu essa graça por meio de Cristo Jesus, antes da criação do mundo.* ¹⁰ *Mas agora ela foi revelada a nós por meio do glorioso aparecimento de Cristo Jesus, o nosso Salvador. Ele acabou com o poder da morte e, por meio do evangelho, revelou a vida que dura para sempre.* ¹¹ *Deus me escolheu como apóstolo e mestre para anunciar o evangelho.* ¹² *É por isso que sofro essas coisas. Mas eu ainda tenho muita confiança, pois sei em quem tenho crido e estou certo de que ele é poderoso para guardar, até aquele dia, aquilo que ele me confiou.* ¹³ *Tome como modelo os ensinamentos verdadeiros que eu lhe dei e fique firme na fé e no amor que temos por estarmos unidos com Cristo Jesus.* ¹⁴ *Por meio do poder do Espírito Santo, que vive em nós, guarde esse precioso tesouro que foi entregue a você.*

## DIA 49

# ARQUIVE E PROSSIGA

**Aquele que aceita a repreensão justa andará na companhia dos sábios.** (Provérbios 15:31)

Lembro-me de um sábio conselho que um amigo locutor de rádio me deu certa vez. No início da carreira e lutando para aprender a lidar com as críticas e os elogios, ele sentiu que Deus o encorajava a arquivar ambos. Qual é a essência do que ele guardou no coração? Aprenda o possível com as críticas e aceite os elogios. Depois arquive ambos e humildemente prossiga na graça e no poder de Deus.

Críticas e elogios despertam em nós fortes emoções que, se deixadas sem controle, podem gerar autoaversão ou um ego inflado. Em Provérbios, podemos ler sobre os benefícios do encorajamento e do conselho sábio: "...uma boa notícia faz a gente sentir-se bem. Aquele que aceita a repreensão justa andará na companhia dos sábios. Quem rejeita conselhos prejudica a si mesmo, mas quem aceita a correção fica mais sábio" (15:30-32).

Quando repreendidos, que possamos optar por sermos modelados pela repreensão. E, se formos abençoados com elogios, que nos sintamos renovados e cheios de gratidão.

Ao andarmos humildemente com Deus, Ele pode nos ajudar a aprender com as críticas e com os elogios, a arquivá-los e a seguir adiante com o Senhor (v.33).

> **Aprenda com elogios e críticas, e, em seguida, arquive-os e siga em frente.**

*Ruth O'Reilly-Smith*

---

*Deus Pai, agradeço-te pelos elogios e pelas críticas. Que ao segui-lo humildemente, eu possa ser motivado e treinado por ambos. Ajuda-me a aceitar o que é justo e a andar na companhia dos sábios.*

**LEITURA BÍBLICA DE HOJE: Provérbios 15:30-33**

*³⁰ Um olhar amigo alegra o coração; uma boa notícia faz a gente sentir-se bem. ³¹ Aquele que aceita a repreensão justa andará na companhia dos sábios. ³² Quem rejeita conselhos prejudica a si mesmo, mas quem aceita a correção fica mais sábio. ³³ Quem teme o SENHOR está aprendendo a ser sábio; quem é humilde é respeitado.*

## DIA 50

# FORTE, MAS AMÁVEL

**Sejam amáveis com todos. O Senhor virá logo.**
(Filipenses 4:5)

Quando a ocupação inimiga aumentou na Holanda, Anne Frank e sua família se mudaram para um esconderijo para fugir do perigo. Eles permaneceram escondidos por dois anos durante a Segunda Guerra antes de serem enviados aos campos de concentração. Mesmo assim, Anne escreveu no que se tornou o famoso *Diário de Anne Frank* (Ed. Record, 2014): "A longo prazo, o espírito bondoso e gentil é a arma mais brutal de todas".

A gentileza pode ser uma questão complicada quando lidamos com a vida real.

Em Isaías 40, temos a descrição de Deus como sendo gentil e poderoso. "Como um pastor [...] ele juntará os carneirinhos, e os carregará no colo" (v.11). Mas não antes de: "O Senhor Deus vem vindo cheio de força; com o seu braço poderoso, ele conseguiu a vitória" (v.10). Todo-poderoso, mas gentil quando se trata de proteger os vulneráveis.

> A gentileza nos ajuda a defender um ponto de vista sem fazer inimigos.

Pense em Jesus, que empunhou o chicote ao virar as mesas e expulsar os cambistas no Templo (João 2:15), mas também cuidou gentilmente das crianças! Ele usou palavras severas para denunciar os fariseus (Mateus 23), mas perdoou a mulher que carecia de Sua misericórdia (João 8:1-11).

Há momentos de defendermos os fracos e desafiarmos outros a buscarem justiça, mas também há outros de demostrarmos que somos "amáveis com todos" (Filipenses 4:5). Ao servirmos a Deus, às vezes nossa maior força revela um coração bondoso para com os necessitados.

*Dave Branon*

**NOTAS**

**LEITURA BÍBLICA DE HOJE:** Isaías 40:10-11

¹⁰ *O SENHOR Deus vem vindo cheio de força; com o seu braço poderoso, ele conseguiu a vitória. E ele traz consigo o povo que ele salvou.* ¹¹ *Como um pastor cuida do seu rebanho, assim o SENHOR cuidará do seu povo; ele juntará os carneirinhos, e os carregará no colo, e guiará com carinho as ovelhas que estão amamentando.*

## DIA 51

# PROVISÃO NO TEMPO CERTO

**Abraão pôs naquele lugar o nome de "O Senhor Deus dará o que for preciso [...]. "Na sua montanha o Senhor Deus dá o que é preciso".** (Gênesis 22:14)

Minha ansiedade aumentou entre meus cursos de graduação e pós-graduação. Amo ter tudo planejado, e a ideia de mudar de estado e entrar na pós-graduação desempregada me deixou desconfortável. No entanto, alguns dias antes de eu sair do meu emprego de verão, pediram-me para continuar trabalhando remotamente para a empresa. Aceitei e tive paz, pois Deus estava cuidando de mim.

Deus proveu, mas foi em Seu tempo, não no meu. Abraão passou por uma situação muito mais difícil com seu filho Isaque. Ele foi convidado a levar seu filho e sacrificá-lo em uma montanha (vv.1-2). Sem hesitar, Abraão obedeceu a Deus e levou Isaque até o local designado. Essa jornada de três dias deu a Abraão tempo suficiente para mudar de ideia, mas isso não aconteceu (vv.3-4).

> **Deus proverá em Seu tempo.**

Quando Isaque questionou seu pai, Abraão respondeu: "Deus dará o que for preciso; ele vai arranjar um carneirinho para o sacrifício, meu filho" (v.8). Questiono-me se a ansiedade de Abraão crescia a cada nó com o qual amarrava Isaque no altar e a cada centímetro ao erguer sua faca (vv.9-10). Que alívio deve ter sido quando o anjo o deteve (vv.11-12)! Deus realmente providenciou um sacrifício, um carneiro, preso num arbusto (v.13). O Senhor testou a fé de Abraão que provou ser fiel. E na hora certa, no último segundo, Deus providenciou livramento (v.14).

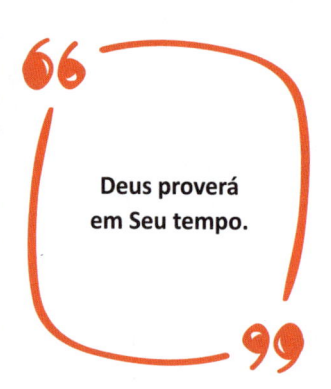

*Julie Schwab*

---

*Agradeço-te, Pai, por me dares o que eu preciso.
Ajuda-me a confiar que Tu proverás, mesmo quando
Tua resposta demorar a chegar.*

## LEITURA BÍBLICA: Gênesis 22:2-14

² Então Deus disse: —Pegue agora Isaque, o seu filho, o seu único filho, a quem você tanto ama, e vá até a terra de Moriá. Ali, na montanha que eu lhe mostrar, queime o seu filho como sacrifício. ³ No dia seguinte Abraão se levantou de madrugada, arreou o seu jumento, cortou lenha para o sacrifício e saiu para o lugar que Deus havia indicado. Isaque e dois empregados foram junto com ele. ⁴ No terceiro dia, Abraão viu o lugar, de longe. ⁵ Então disse aos empregados: —Fiquem aqui com o jumento. Eu e o menino vamos ali adiante para adorar a Deus. Daqui a pouco nós voltamos. ⁶ Abraão pegou a lenha para o sacrifício e pôs nos ombros de Isaque. Pegou uma faca e fogo, e os dois foram andando juntos. ⁷ Daí a pouco o menino disse: —Pai! Abraão respondeu: —Que foi, meu filho? Isaque perguntou: —Nós temos a lenha e o fogo, mas onde está o carneirinho para o sacrifício? ⁸ Abraão respondeu: —Deus dará o que for preciso; ele vai arranjar um carneirinho para o sacrifício, meu filho. E continuaram a caminhar juntos. ⁹ Quando chegaram ao lugar que Deus havia indicado, Abraão fez um altar e arrumou a lenha em cima dele. Depois amarrou Isaque e o colocou sobre o altar, em cima da lenha. ¹⁰ Em seguida pegou a faca para matá-lo. ¹¹ Mas nesse instante, lá do céu, o Anjo do SENHOR o chamou, dizendo: —Abraão! Abraão! —Estou aqui — respondeu ele. ¹² O Anjo disse: —Não machuque o menino e não lhe faça nenhum mal. Agora sei que você teme a Deus, pois não me negou o seu filho, o seu único filho. ¹³ Abraão olhou em volta e viu um carneiro preso pelos chifres, no meio de uma moita. Abraão foi, pegou o carneiro e o ofereceu como sacrifício em lugar do seu filho. ¹⁴ Abraão pôs naquele lugar o nome de "O SENHOR Deus dará o que for preciso". É por isso que até hoje o povo diz: "Na sua montanha o SENHOR Deus dá o que é preciso".

## DIA 52

# ENSINO PRÁTICO

**Sigam o meu exemplo como eu sigo o exemplo de Cristo.**
(1 Coríntios 11:1)

Owen, meu filho de 6 anos, emocionou-se ao receber um novo jogo de tabuleiro, mas frustrou-se após ler as instruções por meia hora, pois não conseguia entender as regras do jogo. Mais tarde, quando um amigo que já sabia jogar veio ajudá-lo, Owen finalmente aproveitou o seu presente.

Ao vê-los jogar, lembrei-me de como é mais fácil aprender algo novo se você tem um instrutor experiente. Quando estamos aprendendo, ler as instruções nos ajudam a compreender, mas ter um amigo que nos demonstre isso na prática faz uma enorme diferença.

O apóstolo Paulo também entendeu isso. Escrevendo a Tito sobre como ele poderia ajudar sua igreja a crescer na fé, Paulo enfatizou o valor dos cristãos experientes que poderiam demonstrar a sua fé em Cristo. É claro que ensinar a "doutrina verdadeira" era importante, porém, além de palavras, isso precisava ser vivenciado. Paulo escreveu que homens e mulheres mais velhos deveriam exercer o autocontrole com bondade e amor (Tito 2:2-5). Ele orientou: "Você mesmo deve ser, em tudo, um exemplo" (v.7).

> **Há pessoas observando você, esperando ver na prática como é "viver para Jesus".**

Sou grata pelo ensino sólido, mas também pelas muitas pessoas que me instruíram pela forma como viviam. Elas exemplificaram, pela vida delas, como é ser um bom discípulo de Cristo e facilitaram o meu aprendizado ao me mostrarem, pela prática, a maneira de percorrer esse caminho.

*Amy Peterson*

---

*Deus, agradeço-te por nos conceder pessoas para nos ensinar, por meio do exemplo delas, como viver para ti. Graças te dou pelo Teu Filho, Jesus Cristo, o único exemplo perfeito de comunhão contigo. Ajuda-me a imitá-lo.*

## LEITURA BÍBLICA: Tito 2:1-8

¹ *Mas você, Tito, ensine o que está de acordo com a doutrina verdadeira.* ² *Ensine os mais velhos a serem moderados, sérios, prudentes e firmes na fé, no amor e na perseverança.* ³ *Aconselhe também as mulheres mais idosas a viverem como devem viver as mulheres dedicadas a Deus. Que elas não sejam caluniadoras, nem muito chegadas ao vinho! Que elas ensinem o que é bom,* ⁴ *para que as mulheres mais jovens aprendam a amar o marido e os filhos* ⁵ *e a ser prudentes, puras, boas donas de casa e obedientes ao marido, a fim de que ninguém fale mal da mensagem de Deus!* ⁶ *Aconselhe também os homens mais jovens a serem prudentes.* ⁷ *Você mesmo deve ser, em tudo, um exemplo de boa conduta. Seja sincero e sério quando estiver ensinando.* ⁸ *Use palavras certas, para que ninguém possa criticá-lo e para que os inimigos fiquem envergonhados por não terem nada de mau a dizer a nosso respeito.*

## DIA 53

# SALVANDO VILÕES

**Que o Deus de Sadraque, Mesaque e Abede-Nego seja louvado! Ele enviou o seu Anjo e salvou os seus servos, que confiam nele.** (Daniel 3:28)

Os super-heróis são tão populares que saltaram das páginas dos quadrinhos para as telas dos cinemas. São inúmeros filmes que arrecadam bilhões de dólares. Mas por que os heróis atraem tanto?

Talvez porque suas histórias lembram à grande obra protagonizada por Deus. Há o herói, o vilão, o povo que precisa de resgate e muita ação.

Na narrativa bíblica, Satanás é o maior vilão, o inimigo de nossa alma. Mas há outros vilões "secundários" que, por vezes, atacam. Nabucodonosor é um exemplo destes. Ele era um poderoso rei que decidiu matar qualquer um que não adorasse sua gigantesca estátua (Daniel 3:1-6). Três corajosos oficiais judeus se recusaram a fazer isso; então, como punição, eles foram jogados em uma fornalha ardente (vv.12-23), mas Deus os salvou extraordinariamente (vv.24-27).

Assim, em uma reviravolta surpreendente, o coração desse vilão começou a mudar. Em resposta a ação de Deus, Nabucodonosor declarou: "Que o Deus de Sadraque, Mesaque e Abede-Nego seja louvado!" (v.28) e ameaçou matar quem insultasse a Deus (v.29). Ele não entendia que o Senhor não precisava da ajuda dele. Esse rei, aprenderia sobre Deus mais tarde, mas isso é outra história.

> Jesus orou por aqueles que o perseguiram. Nós podemos fazer o mesmo.

Não vemos apenas um vilão em Nabucodonosor, mas alguém em uma jornada espiritual. Na história da redenção, providenciada por Deus, nosso herói, Jesus, alcança todos os que precisam de salvação, incluindo os vilões que estão entre nós.

*Tim Gustafson*

### NOTAS
_____
_____

## LEITURA BÍBLICA: Daniel 3:26-30

²⁶ *Aí o rei chegou perto da porta da fornalha e gritou: —Sadraque, Mesaque e Abede-Nego, servos do Deus Altíssimo, saiam daí e venham cá! Os três saíram da fornalha,* ²⁷ *e todas as autoridades que estavam ali chegaram perto deles e viram que o fogo não havia feito nenhum mal a eles. As labaredas não tinham chamuscado nem um cabelo da sua cabeça, as suas roupas não estavam queimadas, e eles não estavam com cheiro de fumaça.* ²⁸ *O rei gritou: —Que o Deus de Sadraque, Mesaque e Abede-Nego seja louvado! Ele enviou o seu Anjo e salvou os seus servos, que confiam nele. Eles não cumpriram a minha ordem; pelo contrário, escolheram morrer em vez de se ajoelhar e adorar um deus que não era o deles.* ²⁹ *Por isso, ordeno que qualquer pessoa, seja qual for a sua raça, nação ou língua, que insultar o nome do Deus de Sadraque, Mesaque e Abede-Nego seja cortada em pedaços e que a sua casa seja completamente arrasada. Pois não há outro Deus que possa salvar como este.* ³⁰ *Então o rei Nabucodonosor colocou os três jovens em cargos ainda mais importantes na província da Babilônia.*

## DIA 54

# CANÇÃO AO CRIADOR

**O céu anuncia a glória de Deus e nos mostra aquilo que as suas mãos fizeram.** (Salmo 19:1)

Com a astronomia acústica, os cientistas observam e ouvem os sons e pulsos do espaço. Eles descobriram que as estrelas não orbitam em silêncio no céu, mas geram música. Assim como os sons da baleia jubarte, a ressonância das estrelas existe em comprimentos de ondas ou frequências que podem não ser ouvidas pelo ouvido humano. Mas a música das estrelas, das baleias e de outras criaturas se harmoniza para criar uma sinfonia que proclama a grandeza do Criador.

*O céu anuncia a glória de Deus e nos mostra aquilo que as suas mãos fizeram. Cada dia fala dessa glória ao dia seguinte, e cada noite repete isso à outra noite. Não há discurso nem palavras, e não se ouve nenhum som. No entanto, a voz do céu se espalha pelo mundo inteiro, e as suas palavras alcançam a terra toda. Deus armou no céu uma barraca para o sol. O sol sai dali todo alegre como um noivo, como um atleta ansioso para entrar numa corrida. O sol sai de um lado do céu e vai até o outro lado; nada pode se esconder do seu calor.* (Salmo 19:1-6)

O apóstolo Paulo revela que, por meio de Jesus, "Deus criou tudo, no céu e na terra, tanto o que se vê como o que não se vê [...]. Por meio dele e para ele, Deus criou todo o Universo" (Colossenses 1:16). Em resposta, as alturas e as profundidades do mundo cantam ao Criador. Que nos juntemos à criação para cantar a grandeza daquele que "mediu o céu com os dedos" (Isaías 40:12).

> **Que todos eles louvem o SENHOR, pois ele deu uma ordem, e eles foram criados!**
> (Salmo 148:5)

*Remi Oyedele*

---

*Quão grande és Tu, ó Deus! Abra meus olhos para que eu o enxergue na criação ao meu redor. Ajuda-me a me juntar a ela e a entoar o louvor que Tu mereces.*

## LEITURA BÍBLICA: Isaías 40:12-14,21-22,25-26,28

¹² *Quem mediu a água do mar com as conchas das mãos ou mediu o céu com os dedos? Quem, usando uma vasilha, calculou quanta terra existe no mundo inteiro ou pesou as montanhas e os morros numa balança?* ¹³ *Quem pode conhecer a mente do Senhor? Quem é capaz de lhe dar conselhos?* ¹⁴ *Quem lhe deu lições ou ensinamentos? Quem lhe ensinou a julgar com justiça ou quis fazê-lo aprender mais coisas ou procurou lhe mostrar como ser sábio? [...]*

²¹ *Será que vocês não sabem? Será que nunca ouviram falar disso? Não lhes contaram há muito tempo como o mundo foi criado?* ²² *O Criador de todas as coisas é aquele que se assenta no seu trono no céu; ele está tão longe da terra, que os seres humanos lhe parecem tão pequenos como formigas. Foi ele quem estendeu os céus como um véu, quem os armou como uma barraca para neles morar. [...]*

²⁵ *Com quem vocês vão comparar o Santo Deus? Quem é igual a ele?* ²⁶ *Olhem para o céu e vejam as estrelas. Quem foi que as criou? Foi aquele que as faz sair em ordem como um exército; ele sabe quantas são e chama cada uma pelo seu nome. A sua força e o seu poder são tão grandes, que nenhuma delas deixa de responder. [...]*

²⁸ *Será que vocês não sabem? Será que nunca ouviram falar disso? O Senhor é o Deus Eterno, ele criou o mundo inteiro.*

## DIA 55

# COISAS MARAVILHOSAS

**Jó, pare um instante e escute; pense nas coisas maravilhosas que Deus faz.** (Jó 37:14)

"O que são diatomáceas?", perguntei à minha amiga. Eu estava olhando as fotos que ela havia tirado, com o celular, de imagens reveladas por um microscópio. "São como algas, porém mais difíceis de enxergar. Às vezes, você precisa de uma gota de óleo nas lâminas ou elas precisam estar mortas para que você as veja", ela explicou. Eu estava deslumbrada com as imagens. Não conseguia parar de pensar nos complexos detalhes que Deus criou e que podem ser vistos apenas com um microscópio!

A criação e o agir de Deus são infinitos. No livro de Jó, um dos seus amigos, Eliú, o desafia: "Jó, pare um instante e escute; pense nas coisas maravilhosas que Deus faz. Será que você sabe como Deus dá a ordem para que os relâmpagos saiam brilhando das nuvens? Você sabe como as nuvens ficam suspensas no ar? Isso é uma prova do infinito conhecimento de Deus" (37:14-16). Como seres humanos, não conseguimos entender a complexidade de Deus e de Sua criação.

> O agir de Deus é ininterrupto.

Até as partes da criação que não podemos ver, a olho nu, refletem a glória e o poder de Deus. Sua glória nos cerca. Não importa pelo que passamos, Deus está agindo mesmo quando não vemos e não entendemos o Seu mover. Que o louvemos hoje, porque "não podemos entender as coisas maravilhosas que ele faz, e os seus milagres não têm fim" (Jó 5:9).

*Julie Schwab*

---

*Pai, graças te dou pelos incríveis detalhes que Tu colocaste na criação e por estares sempre agindo, mesmo quando não conseguimos ver.*

## LEITURA BÍBLICA: Jó 37:14-24

[14] Jó, pare um instante e escute; pense nas coisas maravilhosas que Deus faz. [15] Será que você sabe como Deus dá a ordem para que os relâmpagos saiam brilhando das nuvens? [16] Você sabe como as nuvens ficam suspensas no ar? Isso é uma prova do infinito conhecimento de Deus. [17] Será que você, que fica sufocado de calor na sua roupa, antes de vir a tempestade de areia trazida pelo vento sul, [18] será que você pode ajudar Deus a estender o céu e fazer com que fique duro como uma placa de metal fundido? [19] Ensine-nos o que devemos dizer a ele, pois não somos capazes de pensar com clareza. [20] Eu não teria o atrevimento de discutir com Deus, pois isso seria pedir que ele me destruísse. [21] Não é possível ver o sol quando está escondido pelas nuvens; mas ele brilha de novo, depois que o vento passa e limpa o céu. [22] No Norte vemos uma luz dourada, e a glória de Deus nos enche de profunda admiração.
[23] Não podemos compreender o Todo-Poderoso, o Deus de grande poder. A sua justiça é infinita, e ele não persegue ninguém. [24] Por isso, as pessoas o temem, e ele não dá importância aos que acham que são sábios.

## DIA 56

# DANOS PERMANENTES

**Você me desobedeceu e tomou a mulher de Urias, sempre alguns dos seus descendentes morrerão de morte violenta.** (2 Samuel 12:10)

Um jovem que, constantemente, entrava em confusão sempre pedia desculpas aos pais quando estes o confrontavam. No entanto, ele sempre tornava a fazer coisas erradas. Talvez por ter certeza de que seria perdoado. Então, certo dia, seu pai o levou à garagem para uma conversa. Lá, ele pegou o martelo e pregou um prego na parede. Em seguida deu o martelo ao filho e pediu que ele retirasse o prego. O jovem encolheu os ombros, pegou o martelo e retirou o prego.

—Assim é com o perdão, filho. Quando você faz alguma coisa errada é como colocar um prego na parede. O perdão é quando você retira o prego.

—Está bem, entendi, — disse o rapaz.

—Agora use novamente o martelo e puxe para fora o buraco deixado pelo prego, — disse-lhe o pai.

—Isso é impossível! Eu não tenho como puxá-lo para fora, — respondeu o filho.

Essa história ilustra a vida do rei Davi, pois prova que o pecado traz consequências. Embora Davi tenha sido perdoado, o adultério com Bate-Seba e o assassinato de Urias, cometidos por ele, deixaram cicatrizes e trouxeram problemas para a família (2 Samuel 12:10). Isso pode servir de alerta à nossa vida. A melhor maneira de evitar os danos permanentes, provenientes de pecados, é viver em obediência a Deus a fim de não os cometer.

> **Nossos pecados podem ser perdoados, mas suas consequências deixam cicatrizes.**

*Dave Branon*

---

*Agradeço-te, Pai, por não te zangares facilmente e seres cheio de misericórdia. Leva-me a entender que o pecado traz consequências e deixa cicatrizes. Ajuda-me a reconhecer e confessar as minhas falhas a ti, para que Tu transformes a minha vida.*

## LEITURA BÍBLICA: 2 Samuel 12:1-10

¹ *O SENHOR Deus mandou que o profeta Natã fosse falar com Davi. Natã foi e disse: —Havia dois homens que viviam na mesma cidade: um era rico, e o outro era pobre.* ² *O rico possuía muito gado e ovelhas,* ³ *enquanto que o pobre tinha somente uma ovelha, que ele havia comprado. Ele cuidou dela, e ela cresceu na sua casa, junto com os filhos dele. Ele a alimentava com a sua própria comida, deixava que ela bebesse no seu próprio copo, e ela dormia no seu colo. A ovelha era como uma filha para ele.* ⁴ *Certo dia um visitante chegou à casa do homem rico. Este não quis matar um dos seus próprios animais para preparar uma refeição para o visitante; em vez disso, pegou a ovelha do homem pobre, matou-a e preparou com ela uma refeição para o seu hóspede.* ⁵ *Então Davi ficou furioso com aquele homem e disse: —Eu juro pelo SENHOR, o Deus vivo, que o homem que fez isso deve ser morto!* ⁶ *Ele deverá pagar quatro vezes o que tirou, por ter feito uma coisa tão cruel!* ⁷ *Então Natã disse a Davi: —Esse homem é você. E é isto o que diz o SENHOR, o Deus de Israel: "Eu tornei você rei de Israel e o salvei de Saul.* ⁸ *Eu lhe dei o reino e as mulheres dele; tornei você rei de Israel e de Judá. E, se isso não bastasse, eu lhe teria dado duas vezes mais.* ⁹ *Por que é que você desobedeceu aos meus mandamentos e fez essa coisa tão horrível? Você fez com que Urias, o heteu, fosse morto na batalha; deixou que os amonitas o matassem e então ficou com a esposa dele!* ¹⁰ *Portanto, porque você me desobedeceu e tomou a mulher de Urias, sempre alguns dos seus descendentes morrerão de morte violenta.*

## DIA 57

# ÁGUAS TURBULENTAS

**Não desanime, nem tenha medo, pois o SENHOR, meu Deus, estará com você. Ele não o abandonará, mas ficará com você.** (1 Crônicas 28:20)

Eu apreciava o início de minha primeira aventura de *rafting* em corredeiras, até ouvir o rugido das águas à frente. Minhas emoções foram bombardeadas por sentimentos de incerteza, medo e insegurança ao mesmo tempo. Navegar por correntezas tão rápidas foi uma experiência amedrontadora! E de repente, tinha acabado. O guia, na parte de trás do bote inflável, tinha nos ajudado passar por aquelas águas turbulentas. Senti-me seguro, pelo menos até as próximas quedas-d'água.

As transições em nossa vida podem ser como essas corredeiras. Os saltos inevitáveis levam de uma estação da vida à outra, da faculdade à carreira, mudanças de emprego, sair da casa dos pais para viver sozinho ou com amigos, da carreira à aposentadoria, da juventude à velhice — são fases marcadas por incertezas e inseguranças.

Em uma das transições mais significativas registradas no Antigo Testamento, Salomão assumiu o trono de seu pai Davi. Tenho certeza de que ele estava inseguro quanto ao futuro. Qual foi o conselho de seu pai? "Não desanime, nem tenha medo, pois o SENHOR, meu Deus, estará com você" (1 Crônicas 28:20).

> **Deus nos guia em meio às transições que fazem parte de nossa vida.**

Certamente, experienciaremos transições difíceis na vida, mas com Deus em nosso bote não precisamos temer, pois não estamos sozinhos. Manter o nosso olhar fixo naquele que está navegando conosco pelas corredeiras da vida traz alegria e segurança. Ele já conduziu muitos outros antes de nós.

*Joe Stowell*

---

*Graças te dou, Pai, por me guiares e estares sempre comigo independentemente da circunstância. Eu posso até ser pego de surpresa pelas transições da vida, mas Tu jamais. Agradeço-te por me manter seguro em ti.*

## LEITURA BÍBLICA: 1 Crônicas 28:9-10,19-20

⁹ E a Salomão ele disse: —Meu filho, reconheça o Deus do seu pai e sirva-o com todo o coração e de livre e espontânea vontade. Ele conhece todos os seus pensamentos e desejos. Se você o procurar, ele o aceitará; mas, se o abandonar, ele o rejeitará para sempre. ¹⁰ Você deve compreender que o SENHOR o escolheu para construir o seu santo Templo. Portanto, seja forte e mãos à obra! [...]

¹⁹ O rei Davi disse: —Tudo o que está nestas plantas foi escrito de acordo com as instruções que o SENHOR me deu, explicando como tudo deve ser feito. ²⁰ E disse ao seu filho Salomão: —Seja forte e corajoso e mãos à obra! Não desanime, nem tenha medo, pois o SENHOR, meu Deus, estará com você. Ele não o abandonará, mas ficará com você até terminarem todas as obras da construção do Templo.

## DIA 58

# CARGAS GRUDENTAS

**Entregue os seus problemas ao Senhor, e ele o ajudará.**
(Salmo 55:22)

Você alguma vez já teve cola ou tinta à base de óleo grudando em seus dedos? Parece impossível de ser removida, até você descobrir que basta usar a solução certa para resolver tal problema.

Ocorre o mesmo com os problemas da vida. Alguém com quem eu conversava frequentemente enviou-me um e-mail e pediu que orasse por ele. Sua mensagem dizia: "Não consigo me desfazer desse peso. É algo que não consegui entregar a Deus. Estou muito triste com isso, pois sei que preciso largá-lo nas mãos do Senhor para ser transformado. Eu realmente necessito da força de Deus para livrar-me disso. Sei que o perdão divino pode me purificar, se eu o aceitar. Entendo que preciso simplesmente permitir que Deus o faça".

Eu respondi: "A alegria da vida cristã é conhecida pelo fato de Deus saber lidar com tudo que lhe entregamos. Mas ao mesmo tempo, a grande dificuldade da vida cristã é que nós, indivíduos fracos e indefesos como somos, nos agarramos em coisas que sabemos que temos que entregar a Deus. Todos nós conhecemos esse sentimento".

> **Venham a mim, todos vocês que estão cansados de carregar as suas pesadas cargas, e eu lhes darei descanso.**
> (Mateus 11:28)

Nossos pecados e preocupações, grandes ou pequenos, parecem grudar em nós como uma cola. Qual a solução? Tirar essas cargas de nossas mãos e depositá-las nos ombros de Deus.

A Bíblia nos orienta: "Entregue os seus problemas ao Senhor, e ele o ajudará" (Salmo 55:22). Por que ficar carregando essas cargas grudentas que apenas nos atrapalham?

*Dave Branon*

*Jesus, Tu sabes contra o que estou lutando. Por favor, ajuda-me a confiar em ti, perdoa-me e me limpa completamente.*

## LEITURA BÍBLICA: Salmo 32:1-7

¹ *Feliz aquele cujas maldades Deus perdoa e cujos pecados ele apaga!*

² *Feliz aquele que o SENHOR Deus não acusa de fazer coisas más e que não age com falsidade!*

³ *Enquanto não confessei o meu pecado, eu me cansava, chorando o dia inteiro.*

⁴ *De dia e de noite, tu me castigaste, ó Deus, e as minhas forças se acabaram como o sereno que seca no calor do verão.*

⁵ *Então eu te confessei o meu pecado e não escondi a minha maldade. Resolvi confessar tudo a ti, e tu perdoaste todos os meus pecados.*

⁶ *Por isso, nos momentos de angústia, todos os que são fiéis a ti devem orar. Assim, quando as grandes ondas de sofrimento vierem, não chegarão até eles.*

⁷ *Tu és o meu esconderijo; tu me livras da aflição. Eu canto bem alto a tua salvação, pois me tens protegido.*

## DIA 59

# LIXO ESPACIAL

**Não se enganem: ninguém zomba de Deus. O que uma pessoa plantar, é isso mesmo que colherá.** (Gálatas 6:7)

Existe um acúmulo de detritos espaciais movendo-se na órbita do nosso planeta por mais de 7 quilômetros por segundo. Esses resíduos, descartados em voos espaciais, representam perigo no ar. A alta velocidade permite que o menor desses objetos tenha o mesmo impacto do disparo de uma bala de revólver. Durante a viagem de um ônibus espacial, um fragmento de tinta fez uma trinca de alguns milímetros em uma das janelas da espaçonave.

Tempos atrás, uma pesquisa revelou que há 110 mil objetos maiores do que 1 cm em órbita, cujo peso totaliza quase duas toneladas! Para evitar um desastre, a NASA monitora tais fragmentos.

As escolhas pecaminosas também produzem o seu próprio tipo de lixo: consequências inconvenientes. Para Acã, o roubar e o esconder despojos de guerra, custou-lhe a vida (Josué 7). Depois que o rei Davi cometeu adultério e homicídio, instaurou-se a discórdia em sua família (2 Samuel 15–18).

> **Tudo que fazemos tem consequências. Peça ao Senhor que o ajude a fazer boas escolhas.**

Você tem algum "lixo" em sua vida? As consequências do pecado tendem a acumular-se. Quando confessamos os nossos pecados a Deus, Ele promete nos perdoar e nos purificar (1 João 1:9). Quando ofendemos os outros, podemos buscar formas de reparar nossa má conduta (Lucas 19:1-8). O Deus da graça nos dará sabedoria ao lidarmos com nossas más decisões do passado e nos ajudará a fazer boas escolhas no futuro.

*Dennis Fisher*

*Pai, ajuda-me a caminhar perto de ti e a viver da maneira que te agrada. Eu fiz coisas ruins no passado, mas agradeço-te por me dares a chance de refletir sobre elas e poder fazer escolhas melhores hoje. Graças te dou por me perdoares e por estares ao meu lado.*

## LEITURA BÍBLICA: 2 Samuel 11:2-5,15-17

² *Uma tarde Davi se levantou, depois de ter dormido um pouco, e foi passear no terraço do palácio. Dali viu uma mulher muito bonita tomando banho.* ³ *Aí ele mandou que descobrissem quem era aquela mulher e soube que era Bate-Seba, filha de Eliã e esposa de Urias, o heteu.* ⁴ *Então Davi mandou que alguns mensageiros fossem buscá-la. Eles a trouxeram, e Davi teve relações com ela. Bate-Seba tinha justamente terminado o seu ritual mensal de purificação. Ela voltou para casa* ⁵ *e depois descobriu que estava grávida e mandou um recado a Davi contando isso. [...]*

¹⁵ *Davi escreveu o seguinte: "Ponha Urias na linha de frente, onde a luta é mais pesada. Depois se retire e deixe que ele seja morto".* ¹⁶ *Por isso, enquanto estava cercando a cidade, Joabe mandou Urias para um lugar onde sabia que o inimigo estava mais forte.* ¹⁷ *As tropas inimigas saíram da cidade, lutaram contra as forças de Joabe e mataram alguns oficiais de Davi. E Urias também foi morto.*

## DIA 60

# OVELHA, EU?

**As minhas ovelhas escutam a minha voz; eu as conheço, e elas me seguem.** (João 10:27)

Certa vez, perto de uma vila, no lado oriental da Turquia, enquanto os pastores de ovelhas tomavam o café da manhã, uma das ovelhas pulou de um penhasco de uns 13 metros e morreu. Então, enquanto os pastores, abalados, ponderavam sobre o ocorrido, o restante do rebanho fez o mesmo. Ao todo, 1.500 ovelhas, descuidadas, despencaram penhasco abaixo. A única notícia boa foi que a queda de pelo menos mil foi amortecida pela pilha de lã que se formou a partir das primeiras que pularam. Segundo um jornal local, morreram 450 ovelhas.

A Bíblia refere-se muitas vezes aos seres humanos como ovelhas (Salmo 100:3; Isaías 53:6; Mateus 9:36). Facilmente distraídos e suscetíveis às influências de grupos, acabamos seguindo mais a multidão do que a sabedoria e a voz do Bom Pastor.

Contudo, alegro-me em saber que a Bíblia também fala sobre ovelhas de forma positiva. Jesus disse: "Eu sou o bom pastor [...]. As minhas ovelhas escutam a minha voz; eu as conheço, e elas me seguem" (João 10:14,27). Logo, precisamos ser honestos e responder: A quem estamos seguindo? Uns aos outros? A falsos líderes? Ou ao Bom Pastor, Jesus?

> **Ouça a voz do Senhor Jesus e siga-o, somente Ele o conduzirá à vida.**

Nosso desafio é não cometer o mesmo erro das ovelhas que seguiram cegamente umas às outras, precipício abaixo. Nosso compromisso diário deve ser perguntar a nós mesmos: Estou ouvindo e seguindo a voz do Bom Pastor e optando por ela? Jesus, o Bom Pastor, sempre nos guiará ao que é bom.

*Mart DeHaan*

---

*Jesus, há muitas pessoas e coisas com as quais tenho me distraído. Por isso, ensina-me a reconhecer e a ouvir a Tua voz. Assim eu te seguirei e Tu me conduzirás pelo caminho que leva à vida.*

## LEITURA BÍBLICA: João 10:14-30

¹⁴⁻¹⁵ *Eu sou o bom pastor. Assim como o Pai me conhece, e eu conheço o Pai, assim também conheço as minhas ovelhas, e elas me conhecem. E estou pronto para morrer por elas.* ¹⁶ *Tenho outras ovelhas que não estão neste curral. Eu preciso trazer essas também, e elas ouvirão a minha voz. Então elas se tornarão um só rebanho com um só pastor.* ¹⁷ *—O Pai me ama porque eu dou a minha vida para recebê-la outra vez.* ¹⁸ *Ninguém tira a minha vida de mim, mas eu a dou por minha própria vontade. Tenho o direito de dá-la e de tornar a recebê-la, pois foi isso o que o meu Pai me mandou fazer.*

¹⁹ *Quando ouviu isso, o povo se dividiu outra vez. Muitos diziam:* ²⁰ *—Ele está dominado por um demônio! Está louco! Por que é que vocês escutam o que ele diz?* ²¹ *Outros afirmavam: —Quem está dominado por um demônio não fala assim! Será que um demônio pode dar vista aos cegos?* ²² *Era inverno, e em Jerusalém estavam comemorando a Festa da Dedicação.* ²³ *Jesus estava andando pelo pátio do Templo, perto da entrada chamada "Alpendre de Salomão".* ²⁴ *Então o povo se ajuntou em volta dele e perguntou: —Até quando você vai nos deixar na dúvida? Diga com franqueza: você é ou não é o Messias?* ²⁵ *Jesus respondeu: —Eu já disse, mas vocês não acreditaram. As obras que eu faço pelo poder do nome do meu Pai falam a favor de mim,* ²⁶ *mas vocês não creem porque não são minhas ovelhas.* ²⁷ *As minhas ovelhas escutam a minha voz; eu as conheço, e elas me seguem.* ²⁸ *Eu lhes dou a vida eterna, e por isso elas nunca morrerão. Ninguém poderá arrancá-las da minha mão.* ²⁹ *O poder que o Pai me deu é maior do que tudo, e ninguém pode arrancá-las da mão dele.* ³⁰ *Eu e o Pai somos um.*

## DIA 61

# SEGREDO REVELADO

**Porque o Espírito que está em vocês é mais forte do que o espírito que está naqueles que pertencem ao mundo.** (1 João 4:4)

Um instrutor de autoescola na Alemanha foi parado pela polícia após um pequeno acidente com um caminhão. Quando lhe pediram a carteira de motorista, ele não pode apresentá-la, pois não a possuía. Havia sido instrutor de autoescola por mais de 40 anos, mas sequer tinha sua própria carteira de habilitação! Anos antes, ele não passara em um teste de direção e ficou com medo de tentar novamente. Assim, por vergonha, manteve esse fato em segredo.

Satanás também tem um segredo em seu passado que não quer que as pessoas saibam. Quer saber que segredo é esse? Paulo responde: "...não há nada que possa nos separar do amor de Deus" (Romanos 8:39), uma vez que o "pecado não é mais [o nosso] senhor" (Romanos 6:14 NVT). Nosso inimigo não quer que ninguém saiba dessa verdade, pois seu plano é manter os que não creem em Cristo sob o seu controle e os cristãos enredados no pecado.

> **Nada tem poder de fazer Deus deixar de nos amar. Porém, o pecado pode nos impedir de usufruir do Seu maravilhoso amor.**

É verdade, por causa do pecado estávamos separados de Deus. Porém, Jesus tomou sobre si os nossos pecados e recebeu a punição por eles. Ele morreu em nosso lugar para nos reconciliar com Deus, ao terceiro dia Jesus ressuscitou e agora reina nos Céus, à destra do Pai.

Quando cremos e confiamos no que Jesus fez por nós, iniciamos um relacionamento com Deus, e o pecado não pode mais nos controlar. Já não estamos mais separados de Deus, pois fomos "libertados do pecado" (Romanos 6:18). O segredo de Satanás foi revelado.

*Anne Cetas*

---

*Se estamos em Cristo, o pecado não nos domina mais.*

## LEITURA BÍBLICA: Romanos 6:11-15,19-23

¹¹ Assim também vocês devem se considerar mortos para o pecado; mas, por estarem unidos com Cristo Jesus, devem se considerar vivos para Deus. ¹² Portanto, não deixem que o pecado domine o corpo mortal de vocês e faça com que vocês obedeçam aos desejos pecaminosos da natureza humana. ¹³ E também não entreguem nenhuma parte do corpo de vocês ao pecado, para que ele a use a fim de fazer o que é mau. Pelo contrário, como pessoas que foram trazidas da morte para a vida, entreguem-se completamente a Deus, para que ele use vocês a fim de fazerem o que é direito. ¹⁴ O pecado não dominará vocês, pois vocês não são mais controlados pela lei, mas pela graça de Deus. ¹⁵ O que é que isso quer dizer? Vamos continuar pecando porque não somos mais controlados pela lei, mas pela graça de Deus? É claro que não! [...]

¹⁹ Falo com palavras bem simples porque vocês ainda são fracos. No passado vocês se entregaram inteiramente como escravos da imoralidade e da maldade para servir o mal. Entreguem-se agora inteiramente como escravos daquilo que é direito para viver uma vida dedicada a Deus. ²⁰ Quando eram escravos do pecado, vocês não faziam o que é direito. ²¹ Porém o que é que vocês receberam de bom quando faziam aquelas coisas de que agora têm vergonha? Pois o resultado de tudo aquilo é a morte. ²² Mas agora vocês foram libertados do pecado e são escravos de Deus. Com isso vocês ganham uma vida completamente dedicada a ele, e o resultado é que vocês terão a vida eterna. ²³ Pois o salário do pecado é a morte, mas o presente gratuito de Deus é a vida eterna, que temos em união com Cristo Jesus, o nosso Senhor.

## DIA 62

# COMO SER FELIZ?

**Feliz aquele que recebe ajuda do Deus de Jacó, aquele que põe a sua esperança no SENHOR, seu Deus.** (Salmo 146:5)

Todos querem ser felizes, mas muitos falham em sua busca para encontrar este prêmio ilusório porque o procuram no lugar errado.

Salomão afirma: "...quem confia no SENHOR será feliz" (Provérbios 16:20). E o salmista indica que aqueles que encontram ajuda e esperança em Deus conhecem a felicidade (Salmo 146:5).

O fundamento da felicidade é ter um relacionamento apropriado com o Senhor. Mas para experimentar completamente essa felicidade, precisamos construir sobre esse fundamento de forma eficaz. Observe a seguir 10 práticas para se viver mais contente.

1. Doe algo.
2. Faça uma gentileza.
3. Agradeça sempre.
4. Trabalhe com disposição e vigor.
5. Visite os idosos e aprenda com as experiências deles.
6. Olhe com atenção para o rosto de um bebê e maravilhe-se.
7. Ria com frequência — é o fio condutor da vida.
8. Ore para conhecer o caminho de Deus.
9. Planeje como se você fosse viver para sempre — você viverá.
10. Viva como se hoje fosse seu último dia de vida na Terra.

> **Confiar e obedecer ao Senhor traz verdadeira felicidade.**

Essas são excelentes dicas para se ter uma vida feliz. Reforce cada uma delas com louvor, e sua felicidade será completa. "Aleluia! Que todo o meu ser te louve, ó SENHOR! A vida inteira eu louvarei o meu Deus, cantarei louvores a ele enquanto eu viver" (Salmo 146:1-2).

*Richard DeHaan*

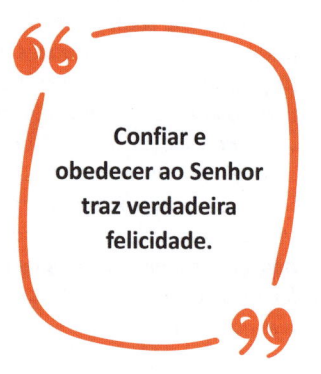

## LEITURA BÍBLICA: Salmo 146

¹ *Aleluia!*

*Que todo o meu ser te louve, ó Senhor!*

² *A vida inteira eu louvarei o meu Deus, cantarei louvores a ele enquanto eu viver.*

³ *Não ponham a sua confiança em pessoas importantes, nem confiem em seres humanos, pois eles são mortais e não podem ajudar ninguém.*

⁴ *Quando eles morrem, voltam para o pó da terra, e naquele dia todos os seus planos se acabam.*

⁵ *Feliz aquele que recebe ajuda do Deus de Jacó, aquele que põe a sua esperança no Senhor, seu Deus,*

⁶ *o Criador do céu, da terra e do mar e de tudo o que neles existe!*

*O Senhor sempre cumpre as suas promessas;*

⁷ *ele julga a favor dos que são explorados e dá comida aos que têm fome. O Senhor Deus põe em liberdade os que estão presos*

⁸ *e faz com que os cegos vejam. O Senhor levanta os que caem e ama aqueles que lhe obedecem.*

⁹ *O Senhor protege os estrangeiros que moram em nossa terra; ele ajuda as viúvas e os órfãos, mas faz com que fracassem os planos dos maus.*

¹⁰ *O Senhor será Rei para sempre. Ó Jerusalém, o seu Deus reinará eternamente.*

*Aleluia!*

## DIA 63

# DENTRO DE 10 SEGUNDOS

**Se vocês me amam, obedeçam aos meus mandamentos.**
(João 14:15)

Quando foi a última vez que você se sentiu compelido a ajudar alguém, e acabou deixando o momento passar sem agir? No livro *The 10-Second Rule* (A regra dos 10 segundos), Clare De Graaf sugere que as nossas "inspirações" diárias podem ser uma das maneiras pelas quais Deus nos chama a uma vida de obediência profunda movida pelo amor a Ele.

Clare o incentiva a "agir sobre o que você está quase certo de que Jesus deseja que você faça e a fazê-lo imediatamente, antes que mude de ideia". Se você vir alguém em dificuldades e sentir aquele empurrãozinho de Deus para ajudar, faça isso rapidamente; pois 10 segundos é tempo suficiente para perdermos oportunidades de manifestar o amor de Jesus.

"Se vocês me amam, obedeçam aos meus mandamentos" (João 14:15). Podemos pensar: Eu amo a Jesus, mas como posso estar certo da Sua vontade e obedecê-lo? Na Palavra de Deus, a Bíblia, encontramos o que precisamos para entender e seguir o que o Senhor orientou. Ele disse: "Eu pedirei ao Pai, e ele lhes dará outro Auxiliador, o Espírito da verdade, para ficar com vocês para sempre" (v.16). É pela obra do Espírito, que está conosco e vive em nós (v.17), que podemos aprender a obedecer a Jesus e os Seus mandamentos à medida que ouvimos os Seus sussurros durante todo o dia.

> **O Espírito Santo nos auxilia a seguir Jesus em obediência.**

O Espírito nos encoraja a agir com fé e confiança, e isso honrará a Deus e revelará o nosso amor por Ele e pelos outros (v.21).

*Ruth O'Reilly-Smith*

## NOTAS
_____
_____

## LEITURA BÍBLICA: João 14:15-21

¹⁵ *Jesus continuou: —Se vocês me amam, obedeçam aos meus mandamentos.* ¹⁶ *Eu pedirei ao Pai, e ele lhes dará outro Auxiliador, o Espírito da verdade, para ficar com vocês para sempre.* ¹⁷ *O mundo não pode receber esse Espírito porque não o pode ver, nem conhecer. Mas vocês o conhecem porque ele está com vocês e viverá em vocês.*

¹⁸ *—Não vou deixá-los abandonados, mas voltarei para ficar com vocês.* ¹⁹ *Daqui a pouco o mundo não me verá mais, mas vocês me verão. E, porque eu vivo, vocês também viverão.* ²⁰ *Quando chegar aquele dia, vocês ficarão sabendo que eu estou no meu Pai e que vocês estão em mim, assim como eu estou em vocês.*

²¹ *—A pessoa que aceita e obedece aos meus mandamentos prova que me ama. E a pessoa que me ama será amada pelo meu Pai, e eu também a amarei e lhe mostrarei quem sou.*

## DIA 64

# UMA NOVA RELIGIÃO

**Prestem atenção! Tenham cuidado com todo tipo de avareza...** (Lucas 12:15)

Ao viajar pela Irlanda, vi um anúncio fascinante. Era um *outdoor* de fundo branco com apenas a imagem de um sapato feminino vermelho e uma legenda em destaque que dizia: "Fazer compras é a nova religião?".

A busca por bens continua a ser uma das motivações mais fortes que as pessoas podem experimentar. Mas será que o acúmulo de coisas, de fato, traz o verdadeiro contentamento?

Jesus respondeu firmemente a essa pergunta com um sonoro NÃO! Ele afirmou: "Prestem atenção! Tenham cuidado com todo tipo de avareza porque a verdadeira vida de uma pessoa não depende das coisas que ela tem, mesmo que sejam muitas" (Lucas 12:15). A vida sempre deve ser algo mais do que apenas o inventário de coisas que possuímos.

O rei Salomão também tentou encontrar satisfação na busca por coisas materiais, mas acabou concluindo que bens e prazeres não preenchiam o vazio da sua alma. Ele declara: "Tudo havia sido ilusão; eu apenas havia corrido atrás do vento" (Eclesiastes 2:17). Se colocarmos tudo o que temos no centro de nossa vida, corremos o risco de tornar os nossos bens um substituto para Deus — uma nova religião. Tal comportamento sempre resultará em vazio.

> **Você é rico quando está satisfeito com o que tem.**

Davi, num cântico de louvor, reconheceu que é Deus quem supre nossas necessidades: "...o SENHOR Deus é generoso; ele satisfaz a todos os seres vivos" (Salmo 145:16). Somente Deus é capaz de trazer a verdadeira satisfação à nossa vida.

*Bill Crowder*

### NOTAS

## LEITURA BÍBLICA: Eclesiastes 2:1-11

¹ *Então resolvi me divertir e gozar os prazeres da vida. Mas descobri que isso também é ilusão.* ² *Cheguei à conclusão de que o riso é tolice e de que o prazer não serve para nada.* ³ *Procurei ainda descobrir qual a melhor maneira de viver e então resolvi me alegrar com vinho e me divertir. Pensei que talvez fosse essa a melhor coisa que uma pessoa pode fazer durante a sua curta vida aqui na terra.* ⁴ *Realizei grandes coisas. Construí casas para mim e fiz plantações de uvas.* ⁵ *Plantei jardins e pomares, com todos os tipos de árvores frutíferas.* ⁶ *Também construí açudes para regar as plantações.* ⁷ *Comprei muitos escravos e além desses tive outros, nascidos na minha casa. Tive mais gado e mais ovelhas do que todas as pessoas que moraram em Jerusalém antes de mim.* ⁸ *Também ajuntei para mim prata e ouro dos tesouros dos reis e das terras que governei. Homens e mulheres cantaram para me divertir, e tive todas as mulheres que um homem pode desejar.* ⁹ *Sim! Fui grande. Fui mais rico do que todos os que viveram em Jerusalém antes de mim, e nunca me faltou sabedoria.* ¹⁰ *Consegui tudo o que desejei. Não neguei a mim mesmo nenhum tipo de prazer. Eu me sentia feliz com o meu trabalho, e essa era a minha recompensa.* ¹¹ *Mas, quando pensei em todas as coisas que havia feito e no trabalho que tinha tido para conseguir fazê-las, compreendi que tudo aquilo era ilusão, não tinha nenhum proveito. Era como se eu estivesse correndo atrás do vento.*

## DIA 65

# SIGA AS INSTRUÇÕES

**Quem ouve esses meus ensinamentos e vive de acordo com eles é como um homem sábio que construiu a sua casa na rocha.** (Mateus 7:24)

Um de meus *hobbies* quando menino era construir modelos de avião. Todas as vezes que abria uma caixa de um novo modelo, a primeira coisa que eu via era o manual de instruções, mas pensava que não precisava segui-las. Eu não sabia exatamente como montar o avião, mas não queria "perder tempo". Somente após ter colado algumas peças percebia que havia pulado um passo importante como, por exemplo, colocar o piloto na cabine.

É fácil pensar que não precisamos de instruções para nossa vida. Entretanto, mais tarde, acabamos percebendo que arruinamos praticamente tudo. Foi exatamente por isso que Jesus advertiu que seguir Suas instruções é a maneira de pessoas sábias edificarem uma vida segura, estável e significativa neste mundo (Mateus 7:24-29). Ele tinha acabado de dizer à multidão que o ouvia para andar mais uma milha, dar a outra face, perdoar os inimigos e vender os bens para doar aos pobres (Mateus 5:39-44). Porém, apenas receber instruções não é suficiente. A chave é praticá-las. "Quem ouve esses meus ensinamentos e vive de acordo com eles é como um homem sábio que construiu a sua casa na rocha" (Mateus 7:24).

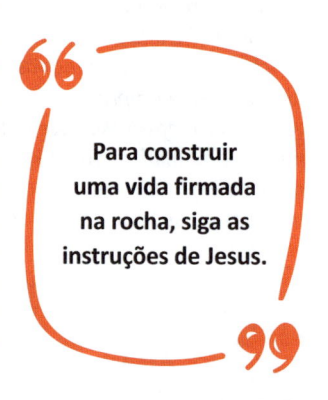

> **Para construir uma vida firmada na rocha, siga as instruções de Jesus.**

Aquele que não seguem as instruções do Senhor é, nas palavras do próprio Cristo, "homem sem juízo" (v.26). Para o mundo, perdoar os inimigos e doar aos pobres pode parecer uma maneira insana de construir a vida, mas, conforme a Palavra de Deus, é a maneira sábia.

*Joe Stowell*

---

*Senhor Jesus, ensina-me a entender e a seguir as Tuas instruções.*
*Quero edificar a minha vida sobre a Rocha que és Tu.*
*Ajuda-me a não pular as etapas dessa edificação tampouco escolher 'a areia' por pensar ser mais fácil e rápido.*

## LEITURA BÍBLICA: Mateus 7:24-29

[24] —Quem ouve esses meus ensinamentos e vive de acordo com eles é como um homem sábio que construiu a sua casa na rocha. [25] Caiu a chuva, vieram as enchentes, e o vento soprou com força contra aquela casa. Porém ela não caiu porque havia sido construída na rocha. [26] —Quem ouve esses meus ensinamentos e não vive de acordo com eles é como um homem sem juízo que construiu a sua casa na areia. [27] Caiu a chuva, vieram as enchentes, e o vento soprou com força contra aquela casa. Ela caiu e ficou totalmente destruída. [28] Quando Jesus acabou de falar, as multidões estavam admiradas com a sua maneira de ensinar. [29] Ele não era como os mestres da Lei; pelo contrário, ensinava com a autoridade dele mesmo.

## DIA 66

# SEJA UMA ESTRELA

**Aqueles que ensinaram muitas pessoas a fazer o que é certo, brilharão como as estrelas do céu, com um brilho que nunca se apagará.** (Daniel 12:3)

Muitos buscam ser famosos, tentando estar em evidência na mídia. Séculos atrás, um jovem judeu alcançou isso de uma forma muito melhor.

Quando Daniel e seus amigos foram levados cativos de Israel à Babilônia, era improvável que se ouvisse falar deles novamente. Porém, eles logo se distinguiram por serem inteligentes, dignos de confiança e, acima de tudo, tementes a Deus.

O rei teve um sonho que nenhum dos seus sábios conseguiu repetir nem interpretar, e ele os condenou à morte. Então, antes da ordem ser executada, Daniel e seus amigos passaram a noite em oração e Deus revelou a ele o sonho de Nabucodonosor e a sua interpretação (Daniel 12). Com isso, eles e os sábios foram salvos e o rei promoveu Daniel a "governador da província da Babilônia" (v.49).

> Seja a luz de Jesus, assim o mundo verá que sua vida pertence a Ele.

Se a história terminasse assim, já seria notável. Entretanto, alguns estudiosos creem que as profecias messiânicas de Daniel, sobre o Salvador que nasceria em Belém, influenciou pessoas nobres na Babilônia. Assim, os ensinamentos deste profeta podem ter sido o motivo pelo qual, 500 anos mais tarde, alguns sábios do Oriente seguiram a estrela a uma parte remota do mundo, a fim de encontrar o Messias, adorá-lo e retornar ao seu país com a incrível boa-nova da vinda de Deus à Terra (Mateus 2:1-12).

A exemplo de Daniel, que sejamos "como luzes resplandecentes num mundo cheio de gente corrompida e perversa" (Filipenses 2:15 NVT). *Julie Ackerman Link*

---

*Ao conduzirmos outros à verdade de Deus, nós, à semelhança de Daniel, podemos nos tornar como estrelas que brilham em meio à escuridão deste mundo.*

## LEITURA BÍBLICA DE HOJE: Mateus 2:1-12

¹ *Jesus nasceu na cidade de Belém, na região da Judeia, quando Herodes era rei da terra de Israel. Nesse tempo alguns homens que estudavam as estrelas vieram do Oriente e chegaram a Jerusalém.* ² *Eles perguntaram: —Onde está o menino que nasceu para ser o rei dos judeus? Nós vimos a estrela dele no Oriente e viemos adorá-lo.* ³ *Quando o rei Herodes soube disso, ficou muito preocupado, e todo o povo de Jerusalém também ficou.* ⁴ *Então Herodes reuniu os chefes dos sacerdotes e os mestres da Lei e perguntou onde devia nascer o Messias.* ⁵ *Eles responderam: —Na cidade de Belém, na região da Judeia, pois o profeta escreveu o seguinte:* ⁶ *"Você, Belém, da terra de Judá, de modo nenhum é a menor entre as principais cidades de Judá, pois de você sairá o líder que guiará o meu povo de Israel." Então Herodes chamou os visitantes do Oriente para uma reunião secreta e perguntou qual o tempo exato em que a estrela havia aparecido; e eles disseram.* ⁸ *Depois os mandou a Belém com a seguinte ordem: —Vão e procurem informações bem certas sobre o menino. E, quando o encontrarem, me avisem, para eu também ir adorá-lo.* ⁹ *Depois de receberem a ordem do rei, os visitantes foram embora. No caminho viram a estrela, a mesma que tinham visto no Oriente. Ela foi adiante deles e parou acima do lugar onde o menino estava.* ¹⁰ *Quando viram a estrela, eles ficaram muito alegres e felizes.* ¹¹ *Entraram na casa e encontraram o menino com Maria, a sua mãe. Então se ajoelharam diante dele e o adoraram. Depois abriram os seus cofres e lhe ofereceram presentes: ouro, incenso e mirra.* ¹² *E num sonho Deus os avisou que não voltassem para falar com Herodes. Por isso voltaram para a sua terra por outro caminho.*

## DIA 67

## QUEM SOU EU?

**Vejam como é grande o amor do Pai por nós! O seu amor é tão grande, que somos chamados de filhos de Deus e somos, de fato, seus filhos.** (1 João 3:1)

Quem sou eu? Essa é a pergunta que um bichinho de pelúcia desgastado faz a si mesmo no livro infantil *Nothing* (Nada), de Mick Inkpen. Abandonado em um canto do sótão, o brinquedo ouve quando o chamam de "nada", então passa a pensar que o seu nome é: Nada.

Depois de um certo tempo, ele encontra alguns animais que o questionam: "O que é você?". Aos poucos, Nada se lembra que ele tinha cauda, bigodes e listras, mas sua aparência agora está muito diferente. Porém, ele conhece um gato malhado que o ajuda a encontrar o caminho de casa e a sua verdadeira identidade: ele é um gato de pelúcia chamado Pequeno Toby. O avô da família o reconhece e carinhosamente o restaura, assim ele recebe novas orelhas, cauda, bigodes e listras.

Sempre que leio essa história, pergunto-me: Quem sou eu? O apóstolo João afirma que, ao crermos em Jesus, "somos [...] filhos de Deus" (1 João 3:1). Não entendo totalmente isso, mas sei que "quando Cristo aparecer, ficaremos parecidos com ele" (v.2). E, assim, como aconteceu com o Pequeno Toby, um dia seremos restaurados à nossa verdadeira identidade, a qual foi distorcida pelo pecado.

> **Deus, por meio de Cristo, nos tornou Seus filhos.**

Hoje, compreendemos parcialmente nossa identidade em Cristo. Porém, no dia em que o virmos face a face, seremos completamente restaurados à identidade que o Senhor planejou para nós. Assim, "[nos conheceremos] perfeitamente, assim como [somos conhecidos] por Deus" (1 Coríntios 13:12).

*Amy Peterson*

---

*Onde encontro minha identidade?*
*De acordo com a Bíblia, como Deus me vê?*
(Leia João 15:15, Gálatas 3:23-29 e Efésios 1:1–2:10)

## LEITURA BÍBLICA DE HOJE: 1 João 2:28–3:3

²⁸ *Sim, meus filhinhos, continuem unidos com Cristo, para que possamos estar cheios de coragem no dia em que ele vier. Assim não precisaremos ficar com vergonha e nos esconder dele naquele dia.* ²⁹ *Já que vocês sabem que Cristo sempre fez o que é correto, devem saber também que quem faz o que é correto é filho de Deus.*

¹ *Vejam como é grande o amor do Pai por nós! O seu amor é tão grande, que somos chamados de filhos de Deus e somos, de fato, seus filhos. É por isso que o mundo não nos conhece, pois não conheceu a Deus.* ² *Meus amigos, agora nós somos filhos de Deus, mas ainda não sabemos o que vamos ser. Porém sabemos isto: quando Cristo aparecer, ficaremos parecidos com ele, pois o veremos como ele realmente é.* ³ *E todo aquele que tem essa esperança em Cristo purifica-se a si mesmo, assim como Cristo é puro.*

## DIA 68

# DEUS ME VÊ

**Agar deu ao SENHOR este nome: "O Deus que Vê".
[...] ela havia perguntado a si mesma: "Será verdade que eu vi Aquele que Me Vê?".** (Gênesis 16:13)

Meus primeiros óculos trouxeram clareza aos meus olhos, assim passei a enxergar melhor. Sou míope, vejo os objetos próximos de forma nítida e definida. Porém, sem eles, os elementos distantes ficam indistintos. Aos 12 anos, com os meus primeiros óculos, fiquei surpresa ao ver as palavras mais nítidas no quadro-negro, as folhas pequenas das árvores e, talvez o mais importante, o lindo sorriso das pessoas.

Quando os amigos retribuíam o meu sorriso, eu aprendia que ser vista era uma dádiva tão preciosa quanto a bênção de enxergar.

A escrava Agar percebeu isso ao escapar das grosserias de Sarai. Agar era um "zero à esquerda" em sua cultura: grávida e sozinha, que fugiu para o deserto sem ajuda ou esperança. Porém, naquele inóspito lugar, Deus a encontrou e isso a capacitou a enxergá-lo. Então, Deus não era mais um conceito vago para ela; o Senhor se tornou real para Agar, tão real que ela deu um nome a Ele: *El Roi*, que significa "O Deus que Vê". Ela declarou: "...eu vi Aquele que Me Vê" (Gênesis 16:13).

> **Deus me vê e me conhece pelo nome.**

Nosso Deus também vê cada um de nós. Você está se sentindo invisível, sozinho ou como um "zero à esquerda"? Deus vê você, o seu hoje e o seu amanhã. Que enxerguemos nele a nossa esperança, salvação e alegria — tanto no presente quanto no futuro. Louve ao Senhor pela dádiva maravilhosa da visão, por poder enxergar claramente, por meio de Cristo, o único Deus verdadeiramente vivo.

*Patricia Raybon*

---

*Deus, sou apenas uma pessoa em um mundo tão grande. Agradeço-te por me veres em meio a tantas pessoas e me conduzires a ver-te também.*

## LEITURA BÍBLICA DE HOJE: Gênesis 16:7-14

⁷ Mas o Anjo do S<small>ENHOR</small> a encontrou no deserto, perto de uma fonte que fica no caminho de Sur, ⁸ e perguntou: —Agar, escrava de Sarai, de onde você vem e para onde está indo? —Estou fugindo da minha dona — respondeu ela. ⁹ Então o Anjo do S<small>ENHOR</small> deu a seguinte ordem: —Volte para a sua dona e seja obediente a ela em tudo. ¹⁰ E o Anjo do S<small>ENHOR</small> disse também: "Eu farei com que o número dos seus descendentes seja grande; eles serão tantos, que ninguém poderá contá-los. ¹¹ Você está grávida, e terá um filho, e porá nele o nome de Ismael, pois o S<small>ENHOR</small> Deus ouviu o seu grito de aflição. ¹² Esse filho será como um jumento selvagem; ele lutará contra todos, e todos lutarão contra ele. E ele viverá longe de todos os seus parentes". ¹³ Então Agar deu ao S<small>ENHOR</small> este nome: "O Deus que Vê". Isso porque ele havia falado com ela, e ela havia perguntado a si mesma: "Será verdade que eu vi Aquele que Me Vê?". ¹⁴ É por isso que esse poço, que fica entre Cades e Berede, é chamado de "Poço Daquele que Vive e Me Vê".

## DIA 69

# FAZENDO RESTITUIÇÃO

**...se um homem ou uma mulher prejudicar alguém [...]. Terá de confessar o pecado, devolver tudo e pagar mais um quinto.** (Números 5:6-7)

Durante a compilação do *Dicionário Inglês Oxford*, o editor chefe recebeu milhares de definições do Dr. William Chester Minor. Elas sempre foram enviadas pelo correio e nunca entregues pessoalmente. O editor ficou curioso em relação a esse notável homem e, por isso, foi visitá-lo. Mas ficou chocado ao descobrir que o Dr. Minor estava encarcerado em um asilo para criminosos com distúrbios mentais.

Anos antes, quando se encontrava em um estado de confusão mental, o Dr. Minor baleou e matou um homem inocente, pois acreditava que este o estava perseguindo. Mais tarde, cheio de remorso, começou a enviar dinheiro para ajudar a viúva e sua família. Minor ficou preso pelo restante da vida dele, mas encontrou formas práticas de minimizar o impacto de suas ações e contribuir com a sociedade ao colaborar na elaboração do referido dicionário.

> **Fazer as coisas certas em prol do Reino de Deus e das pessoas demonstra o quanto fomos transformados por Jesus.**

Na Bíblia, quando Zaqueu, o desonesto coletor de impostos, ouviu sobre Jesus e a mensagem da graça, escolheu devolver mais do que havia extorquido dos outros. Em seu encontro pessoal com Cristo, declarou: "Escute, Senhor, eu vou dar a metade dos meus bens aos pobres. E, se roubei alguém, vou devolver quatro vezes mais" (Lucas 19:8). O evangelho da graça convenceu Zaqueu a ajudar aqueles a quem tinha prejudicado.

Você prejudicou alguém? O que você pretende fazer para acertar as coisas?

*Dennis Fisher*

---

*Pai de amor, peço-te que me ajudes a pedir desculpas às pessoas que magoei. Ensina-me a praticar a Tua Palavra e a usar a minha vida para glória do Teu nome e para abençoar aqueles ao meu redor.*

## LEITURA BÍBLICA: Lucas 19:1-9

¹ Jesus entrou em Jericó e estava atravessando a cidade. ² Morava ali um homem rico, chamado Zaqueu, que era chefe dos cobradores de impostos. ³ Ele estava tentando ver quem era Jesus, mas não podia, por causa da multidão, pois Zaqueu era muito baixo. ⁴ Então correu adiante da multidão e subiu numa figueira brava para ver Jesus, que devia passar por ali. ⁵ Quando Jesus chegou àquele lugar, olhou para cima e disse a Zaqueu: —Zaqueu, desça depressa, pois hoje preciso ficar na sua casa. ⁶ Zaqueu desceu depressa e o recebeu na sua casa, com muita alegria. ⁷ Todos os que viram isso começaram a resmungar: —Este homem foi se hospedar na casa de um pecador! ⁸ Zaqueu se levantou e disse ao Senhor: —Escute, Senhor, eu vou dar a metade dos meus bens aos pobres. E, se roubei alguém, vou devolver quatro vezes mais. ⁹ Então Jesus disse: —Hoje a salvação entrou nesta casa, pois este homem também é descendente de Abraão.

## DIA 70

# A ESTRANHA LÓGICA DO EVANGELHO

**O patrão teve pena dele, perdoou a dívida e deixou que ele fosse embora.** (Mateus 18:27)

Desde a infância somos incitados a buscar sucesso em um mundo onde não há graça: "Você recebe pelo que paga". "Deus ajuda quem cedo madruga". "Não há conquista sem esforço". Conheço isso bem de perto, pois trabalho pelo que ganho; gosto de vencer; insisto nos meus direitos. Quero que as pessoas recebam o que merecem.

Entretanto, Jesus em Suas parábolas sobre a graça nos ensina um conceito radicalmente diferente. Em Mateus 18:23-27, o empregado de um rei devia uma quantia imensa e não tinha como pagar. Poderíamos dizer que tal dívida era imperdoável; mas o rei perdoou o devedor e a cancelou.

Quanto mais reflito sobre as parábolas de Jesus que proclamam a graça de Deus, mais sinto-me inclinado a usar a palavra *estranha* para descrever a lógica do evangelho. Creio que o Senhor nos deixou essas histórias para nos afastarmos completamente desta máxima: "pague na mesma moeda", pois não há graça nela. Jesus nos convida a entrar no reino de Deus, onde a graça é infinita.

> A graça cancela a dívida que tínhamos com Deus, pois Cristo pagou-a por nós.

Se presto atenção, escuto um alto sussurro do evangelho, de que não recebi o que eu merecia. Eu merecia a punição, mas recebi perdão. Merecia a ira e recebi amor. Merecia a prisão como devedor e, em lugar disto, minha dívida foi cancelada. Eu merecia ser repreendido severamente e ter que suplicar de joelhos em arrependimento. Eu merecia o inferno, mas em vez disso tenho um lugar no Céu que está sendo preparado para mim.

*Philip Yancey*

**NOTAS**

## LEITURA BÍBLICA: Mateus 18:23-35

²³ *Porque o Reino do Céu é como um rei que resolveu fazer um acerto de contas com os seus empregados.* ²⁴ *Logo no começo trouxeram um que lhe devia milhões de moedas de prata.* ²⁵ *Mas o empregado não tinha dinheiro para pagar. Então, para pagar a dívida, o seu patrão, o rei, ordenou que fossem vendidos como escravos o empregado, a sua esposa e os seus filhos e que fosse vendido também tudo o que ele possuía.* ²⁶ *Mas o empregado se ajoelhou diante do patrão e pediu: "Tenha paciência comigo, e eu pagarei tudo ao senhor".*

²⁷ *—O patrão teve pena dele, perdoou a dívida e deixou que ele fosse embora.* ²⁸ *O empregado saiu e encontrou um dos seus companheiros de trabalho que lhe devia cem moedas de prata. Ele pegou esse companheiro pelo pescoço e começou a sacudi-lo, dizendo: "Pague o que me deve!".*

²⁹ *—Então o seu companheiro se ajoelhou e pediu: "Tenha paciência comigo, e eu lhe pagarei tudo".*

³⁰ *—Mas ele não concordou. Pelo contrário, mandou pôr o outro na cadeia até que pagasse a dívida.* ³¹ *Quando os outros empregados viram o que havia acontecido, ficaram revoltados e foram contar tudo ao patrão.* ³² *Aí o patrão chamou aquele empregado e disse: "Empregado miserável! Você me pediu, e por isso eu perdoei tudo o que você me devia.* ³³ *Portanto, você deveria ter pena do seu companheiro, como eu tive pena de você".*

³⁴ *—O patrão ficou com muita raiva e mandou o empregado para a cadeia a fim de ser castigado até que pagasse toda a dívida.* ³⁵ *E Jesus terminou, dizendo:*

*—É isso o que o meu Pai, que está no céu, vai fazer com vocês se cada um não perdoar sinceramente o seu irmão.*

## DIA 71

# MARAVILHOSA GRAÇA

**A lei veio para aumentar o mal. Mas, onde aumentou o pecado, a graça de Deus aumentou muito mais ainda.** (Romanos 5:20)

Nos anos de 1700, John Newton saiu ao mar, junto com seu pai, em um navio mercante. Logo depois da aposentadoria de seu pai, Newton foi pressionado a servir em um navio de guerra. Enfrentando condições intoleráveis, ele abandonou tal serviço e pediu transferência para um navio negreiro que iria para a África.

Newton se tornou insensível para com o tráfico de seres humanos e acabou se tornando o capitão de um navio que comercializava escravos. Todavia, no dia 10 de maio de 1748 a sua vida foi transformada para sempre. O seu navio enfrentou uma terrível e violenta tempestade. Quando a embarcação estava prestes a naufragar, Newton bradou bem alto: "Senhor, tem misericórdia de nós!".

> **Ele nos libertou do poder da escuridão e nos trouxe em segurança para o Reino do seu Filho amado.**
> (Colossenses 1:13)

Naquela noite, em sua cabine, ele começou a refletir sobre a misericórdia de Deus. E pela fé no sacrifício de Cristo por ele, John Newton experimentou a maravilhosa graça de Deus de uma forma bem pessoal. Depois de sua conversão, ele abandonou o tráfico de escravos e tornou-se cristão e abolicionista. Embora, ele tenha sido um pregador do evangelho, Newton é mais conhecido pela autoria do hino *Maravilhosa graça*. Este é um testemunho impressionante da sua própria experiência com Cristo.

O Espírito de Deus nos convence do pecado e nos ajuda a abandoná-lo. Sendo Cristo o nosso Salvador, Ele faz por nós o que não conseguimos fazer sozinhos. Isso é a maravilhosa graça de Deus.

*Dennis Fisher*

*A graça de Deus nos dá condições de abandonar o pecado.*

**LEITURA BÍBLICA: Efésios 2:1-10**

¹ Antigamente, por terem desobedecido a Deus e por terem cometido pecados, vocês estavam espiritualmente mortos. ² Naquele tempo vocês seguiam o mau caminho deste mundo e faziam a vontade daquele que governa os poderes espirituais do espaço, o espírito que agora controla os que desobedecem a Deus. ³ De fato, todos nós éramos como eles e vivíamos de acordo com a nossa natureza humana, fazendo o que o nosso corpo e a nossa mente queriam. Assim, porque somos seres humanos como os outros, nós também estávamos destinados a sofrer o castigo de Deus. ⁴ Mas a misericórdia de Deus é muito grande, e o seu amor por nós é tanto, ⁵ que, quando estávamos espiritualmente mortos por causa da nossa desobediência, ele nos trouxe para a vida que temos em união com Cristo. Pela graça de Deus vocês são salvos. ⁶ Por estarmos unidos com Cristo Jesus, Deus nos ressuscitou com ele para reinarmos com ele no mundo celestial. ⁷ Deus fez isso para mostrar, em todos os tempos do futuro, a imensa grandeza da sua graça, que é nossa por meio do amor que ele nos mostrou por meio de Cristo Jesus. ⁸ Pois pela graça de Deus vocês são salvos por meio da fé. Isso não vem de vocês, mas é um presente dado por Deus. ⁹ A salvação não é o resultado dos esforços de vocês; portanto, ninguém pode se orgulhar de tê-la. ¹⁰ Pois foi Deus quem nos fez o que somos agora; em nossa união com Cristo Jesus, ele nos criou para que fizéssemos as boas obras que ele já havia preparado para nós.

## DIA 72

# SILÊNCIO, POR FAVOR!

**Parem de lutar e fiquem sabendo que eu sou Deus.**
(Salmo 46:10)

Nosso mundo tornou-se mais barulhento. De acordo com um noticiário, a ciência encontrou um modo de conseguir silêncio absoluto. "Cientistas exibiram um projeto para uma capa acústica, que poderia fazer objetos impermeáveis soarem como ondas. A tecnologia esboçada no *Novo Jornal de Física* poderia ser usada para construir casas a prova de som, salões de concerto modernos ou navios de guerra camuflados."

Ao desejarmos um lugar silencioso para nosso momento devocional com Deus, talvez uma capa dessas seria de grande utilidade. Mesmo se pudéssemos silenciar todo o som exterior, o barulho interior de nossas inquietações ainda ecoaria em nossa mente. Deus nos diz: "Parem de lutar e fiquem sabendo que eu sou Deus" (Salmo 46:10), mas como podemos acalmar a nossa alma em termos práticos?

Deus entende nosso dilema e providenciou Sua própria capa acústica para aquietar nosso coração, que envolve trocar nossas preocupações por Sua paz. "Não se preocupem com nada, mas em todas as orações peçam a Deus o que vocês precisam e orem sempre com o coração agradecido. E a paz de Deus, que ninguém consegue entender, guardará o coração e a mente de vocês, pois vocês estão unidos com Cristo Jesus" (Filipenses 4:6-7).

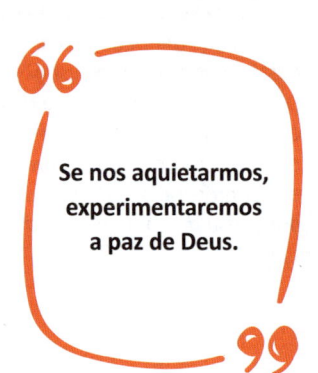

> **Se nos aquietarmos, experimentaremos a paz de Deus.**

Ao colocarmos nossas preocupações nas onipotentes mãos de Deus, encontraremos a quietude que somente Ele pode nos dar. 

*Dennis Fisher*

---

*Querido Deus, ensina-me a aquietar
a minha alma em Tua presença. Concede-me a Tua paz
diante das circunstâncias que me cercam.*

## LEITURA BÍBLICA: Salmo 46

¹ *Deus é o nosso refúgio e a nossa força, socorro que não falta em tempos de aflição.* ² *Por isso, não teremos medo, ainda que a terra seja abalada, e as montanhas caiam nas profundezas do oceano.* ³ *Não teremos medo, ainda que os mares se agitem e rujam, e os montes tremam violentamente.*

⁴ *Há um rio que alegra a cidade de Deus, a casa sagrada do Altíssimo.* ⁵ *Deus vive nessa cidade, e ela nunca será destruída; de manhã bem cedo, Deus a ajudará.* ⁶ *As nações ficam apavoradas, e os reinos são abalados. Deus troveja, e a terra se desfaz.*

⁷ *O Senhor Todo-Poderoso está do nosso lado; o Deus de Jacó é o nosso refúgio.*

⁸ *Venham, vejam o que o Senhor tem feito! Vejam que coisas espantosas ele tem feito na terra!* ⁹ *Ele acaba com as guerras no mundo inteiro; quebra os arcos, despedaça as lanças e destrói os escudos no fogo.* ¹⁰ *Ele diz: "Parem de lutar e fiquem sabendo que eu sou Deus. Eu sou o Rei das nações, o Rei do mundo inteiro".*

¹¹ *O Senhor Todo-Poderoso está do nosso lado; o Deus de Jacó é o nosso refúgio.*

## DIA 73

# ENCONTROS ABENCOADORES

**Não abandonemos, como alguns estão fazendo, o costume de assistir às nossas reuniões.** (Hebreus 10:25)

De acordo com o *Relatório Mundial da Felicidade*, a Dinamarca está entre os países mais felizes do mundo. Os dinamarqueses resistem aos longos e sombrios invernos, reunindo-se com os amigos e compartilhando uma bebida quente ou uma saborosa refeição. Eles usam a palavra *hygge* para descrever as emoções associadas a esses momentos. Visto que o sentimento de aconchego os ajuda a compensar o impacto de ter menos luz do sol do que as pessoas que moram em locais mais quentes. Assim, ao redor de uma simples mesa com aqueles que amam, o coração deles se aquece.

Certamente, conhecendo tal benefício, o escritor de Hebreus encoraja os cristãos a estarem juntos. Ele reconhece que haverá dias difíceis o que exigirá perseverar na fé em Cristo. Embora Jesus garanta nossa reconciliação com Deus ao crermos nele: o Salvador, ainda assim poderemos enfrentar vergonha, dúvida ou oposição. Porém, quando nos reunimos, conseguimos nos encorajar mutuamente e temos comunhão, logo: "Pensemos uns nos outros a fim de ajudarmos todos a terem mais amor e a fazerem o bem" (10:24).

> **Conviver com o povo de Deus nos ajuda a prosseguir.**

O encontro com os amigos é algo que a Bíblia nos encoraja a praticar como um meio de nos apoiarmos na fé ao enfrentarmos as frustrações comuns da vida. Que motivo maravilhoso para buscarmos pertencer a uma igreja! Ou para abrirmos nossas casas, assim como os dinamarqueses, para nos fortalecermos mutuamente em Cristo.

*Kirsten Holmberg*

---

*De que maneira e em quais momentos se encontrar com outras pessoas o encoraja? Com quem — amigos, grupo de jovens, família — você tem se encontrado ultimamente? Por quê?*

## LEITURA BÍBLICA: Hebreus 10:19-25

¹⁹ *Por isso, irmãos, por causa da morte de Jesus na cruz nós temos completa liberdade de entrar no Lugar Santíssimo.* ²⁰ *Por meio da cortina, isto é, por meio do seu próprio corpo, ele nos abriu um caminho novo e vivo.* ²¹ *Nós temos um Grande Sacerdote para dirigir a casa de Deus.* ²² *Portanto, cheguemos perto de Deus com um coração sincero e uma fé firme, com a consciência limpa das nossas culpas e com o corpo lavado com água pura.* ²³ *Guardemos firmemente a esperança da fé que professamos, pois podemos confiar que Deus cumprirá as suas promessas.* ²⁴ *Pensemos uns nos outros a fim de ajudarmos todos a terem mais amor e a fazerem o bem.* ²⁵ *Não abandonemos, como alguns estão fazendo, o costume de assistir às nossas reuniões. Pelo contrário, animemos uns aos outros e ainda mais agora que vocês veem que o dia está chegando.*

## DIA 74

# OBRA DE SUAS MÃOS

**Você pode amarrar com uma corda as estrelas [...] ou soltar as correntes que prendem as Três-Marias?** (Jó 38:31)

Uma equipe de astrônomos da Universidade de Minnesota diz que encontrou um buraco gigante no Universo. O vácuo que eles encontraram está numa região do céu a sudoeste da constelação de Órion, da qual fazem parte as Três-Marias. O misterioso lugar vazio não tem galáxias, estrelas ou qualquer matéria escura. Um dos astrônomos disse que o buraco nos céus percorre bilhões de anos-luz.

Quando tento captar o significado de tamanha imensidão, algo acontece comigo. Tal luta está fora do meu alcance. Eu não sei o que fazer com os meus pensamentos. Afinal, quem poderia relacionar-se com a magnitude de tal vazio?

Então, lembro-me do que Deus ensinou a Jó. Ele orientou a atenção deste Seu servo em aflição para a mesma constelação. Usando a região da constelação de Órion, junto as maravilhas do clima e do mundo natural, o Senhor conduziu Jó ao fim de seus raciocínios e argumentos (Jó 38:31; 42:5-6).

> O Universo nos convida a louvar Aquele que criou todas as coisas.

Diante de tal maravilha, eu quero me unir a Jó e me desarmar na presença do Senhor, rendendo-me ao Seu poder e a Sua sabedoria insondáveis. Desejo deixar a minha ansiedade, minha ira e minha resistência e entregar-me à direção misteriosa de Deus. Quero reivindicar minha única confiança, de que sou parte da grandeza imensurável de Deus, pois Ele tudo criou. Somos obra de Suas mãos! *Mart DeHaan*

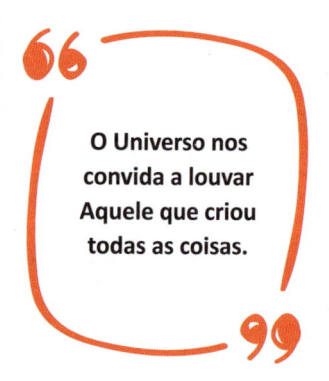

---

*Pai, não consigo entender todas as coisas maravilhosas no Universo. Porém, encho-me de admiração por ti, pois Tu o criaste, inclusive a mim! Tu és incrível, Senhor!*

## LEITURA BÍBLICA: Jó 38:31-35; 42:5-6

³¹ *Será que você pode amarrar com uma corda as estrelas das Sete-Cabrinhas ou soltar as correntes que prendem as Três-Marias?* ³² *Você pode fazer aparecer a estrela-d'alva, ou guiar a Ursa Maior e a Ursa Menor?* ³³ *Você conhece as leis que governam o céu e sabe como devem ser aplicadas na terra?*

³⁴ *"Será que a sua voz pode chegar até as nuvens e mandar que caia tanta chuva, que você fique coberto por um dilúvio?* ³⁵ *Você pode fazer com que os raios apareçam e venham dizer-lhe: "Estamos às suas ordens?". [...]*

⁵ *Antes eu te conhecia só por ouvir falar, mas agora eu te vejo com os meus próprios olhos.* ⁶ *Por isso, estou envergonhado de tudo o que disse e me arrependo, sentado aqui no chão, num monte de cinzas.*

## DIA 75

# LIVRE-SE DO INDESEJÁVEL

**Quanto o Oriente está longe do Ocidente, assim ele afasta de nós os nossos pecados.** (Salmo 103:12)

Desde 2006, um grupo de pessoas comemora um evento incomum próximo do Ano Novo. Chama-se "Livre-se do indesejável". Com base numa tradição latino-americana, as pessoas escrevem suas memórias desagradáveis e embaraçosas junto com seus problemas ruins do ano anterior e os lançam em um triturador de papel. No caso de objetos, alguns chegam a utilizar uma marreta para livrar-se de algo indesejável.

Davi, entretanto, autor do Salmo 103, vai além da sugestão de nos livrarmos de memórias desagradáveis. Ele nos lembra de que Deus deseja que nos libertemos dos nossos pecados. Na tentativa de expressar o vasto amor de Deus por Seu povo, o salmista usou figuras de linguagem. Ele comparou a vastidão do amor de Deus à "distância entre o céu e a terra" (v.11). Em seguida, falou sobre o perdão do Senhor em termos espaciais: "Quanto o Oriente está longe do Ocidente, assim ele afasta de nós os nossos pecados" (v.12). O salmista queria que o povo de Deus soubesse que o amor e perdão do Senhor são infinitos e plenos. Deus libertou o Seu povo do domínio do pecado, perdoando-os totalmente, "por meio de Cristo Jesus, que os salva" (Romanos 3:24).

> **Cada dia com Deus é uma oportunidade para um novo começo.**

Boas-novas! Não precisamos esperar até o Ano Novo para livrar-nos do indesejável. Em decorrência de nossa fé em Jesus, ao confessarmos e abandonarmos os nossos pecados, Deus, "por estarmos unidos com Cristo Jesus, [nos livra] da lei do pecado" (8:1).

*Marvin Williams*

---

*De que coisas você precisa se livrar neste ano?*
*Como você se sente sabendo que Deus perdoa e esquece*
*completamente seus pecados quando você os confessa?*

## LEITURA BÍBLICA DE HOJE: Salmo 103:1-12

¹ Ó SENHOR Deus, que todo o meu ser te louve! Que eu louve o Santo Deus com todas as minhas forças! ² Que todo o meu ser louve o SENHOR, e que eu não esqueça nenhuma das suas bênçãos! ³ O SENHOR perdoa todos os meus pecados e cura todas as minhas doenças; ⁴ ele me salva da morte e me abençoa com amor e bondade. ⁵ Ele enche a minha vida com muitas coisas boas, e assim eu continuo jovem e forte como a águia.

⁶ O SENHOR Deus julga a favor dos oprimidos e garante os seus direitos. ⁷ Ele revelou os seus planos a Moisés e deixou que o povo de Israel visse os seus feitos poderosos. ⁸ O SENHOR é bondoso e misericordioso, não fica irado facilmente e é muito amoroso. ⁹ Ele não vive nos repreendendo, e a sua ira não dura para sempre. ¹⁰ O SENHOR não nos castiga como merecemos, nem nos paga de acordo com os nossos pecados e maldades. ¹¹ Assim como é grande a distância entre o céu e a terra, assim é grande o seu amor por aqueles que o temem. ¹² Quanto o Oriente está longe do Ocidente, assim ele afasta de nós os nossos pecados.

## DIA 76

# ANTÍDOTO CONTRA A RAIVA

**O tolo mostra toda a sua raiva, mas quem é sensato se cala e a domina.** (Provérbios 29:11)

Os vizinhos provavelmente não sabiam o que pensar quando olharam para mim através da janela em um dia de inverno. Eu estava na entrada da garagem com uma pá nas mãos, batendo descontroladamente em um bloco de gelo que se formara no meio-fio. A cada investida, eu fazia orações do tipo: "Não consigo fazer isso"; "O Senhor não pode esperar que eu resolva isso"; "Não tenho forças para continuar". Como cuidadora e com uma longa lista de obrigações a cumprir, precisava remover aquele gelo e sentia-me exausta!

Minha raiva estava envolta em queixas: "Eu mereço coisa melhor do que isso"; "Deus não é suficiente"; "Afinal, ninguém se importa mesmo". Quando escolhemos nos apegar à raiva, ficamos presos na armadilha da amargura, o que nos impede de prosseguir.

> **Se vocês ficarem com raiva, não deixem que isso faça com que pequem...**
> (Efésios 4:26)

A única cura para a raiva é esta verdade: Deus não nos dá o castigo que merecemos; em vez disso, recebemos Sua misericórdia. "Ó Senhor, tu és bom e perdoador e tens muito amor por todos os que oram a ti" (Salmo 86:5). A verdade é que Deus e Seu poder são mais do que suficientes para mim. No entanto, antes de conseguirmos compreender isso, talvez precisemos dar um passo atrás, largar a pá dos nossos próprios esforços e segurar na mão de Jesus, que está estendida para nós com graça e misericórdia.

Deus é suficiente para nos ajudar a vencer a raiva. Logo, em Seu amor, e no Seu tempo, Ele nos mostrará o caminho que devemos seguir. *Shelly Beach*

---

*Amado Deus, perdoa-me por, às vezes, frustrar-me contigo. Contudo, hoje eu escolho abandonar minha raiva e aceitar a Tua misericórdia e graça sobre mim. Agradeço-te pelo Teu perdão e pela Tua verdade.*

## LEITURA BÍBLICA: Salmo 86:1-13

¹ Ó S㎝hor Deus, escuta-me e responde-me, pois estou fraco e necessitado! ² Salva-me da morte, pois sou fiel a ti; salva-me porque sou teu servo e confio em ti. ³ Tu és o meu Deus. Tem compaixão de mim, Senhor, pois eu oro a ti o dia inteiro! ⁴ Ó Senhor, alegra o coração deste teu servo, pois os meus pensamentos sobem a ti! ⁵ Ó Senhor, tu és bom e perdoador e tens muito amor por todos os que oram a ti. ⁶ Escuta, ó S㎝hor, a minha oração e ouve os meus gritos pedindo socorro! ⁷ Em tempos de angústia eu te chamo, pois tu me respondes.

⁸ Não há nenhum deus como tu, Senhor; não há nenhum que possa fazer o que tu fazes. ⁹ Todos os povos que criaste virão e se curvarão diante de ti. Eles louvarão a tua grandeza ¹⁰ porque tu és poderoso e fazes coisas maravilhosas. Só tu és Deus.

¹¹ Ó S㎝hor Deus, ensina-me o que queres que eu faça, e eu te obedecerei fielmente! Ensina-me a te servir com toda a devoção. ¹² Senhor, meu Deus, eu te louvarei com todo o coração e anunciarei a tua grandeza para sempre. ¹³ Como é grande o teu amor por mim! Tu não deixaste que eu fosse levado para o fundo do mundo dos mortos.

## DIA 77

# EXPECTATIVAS

**O meu grande desejo e a minha esperança são de nunca falhar no meu dever, para que [...] eu tenha muita coragem.** (Filipenses 1:20)

Expectativas! Todos as temos. Esperamos que as pessoas sejam amáveis conosco, que tenhamos boa saúde, bons casamentos, amigos fiéis e carreiras de sucesso. Mas o que fazer quando nossas expectativas não são correspondidas? Em Filipenses 1, Paulo nos indica o caminho. Esse apóstolo, apesar de sua situação, permaneceu surpreendentemente otimista.

Paulo estava confinado em uma prisão — um lugar desagradável! É fácil desanimar quando estamos presos em um casamento difícil, em um local de trabalho com poucas recompensas ou uma vizinhança desafiadora. Mas ele concluiu que o sofrimento dele contribuiu para o "progresso do evangelho" (Filipenses 1:12).

Talvez as pessoas não correspondam às nossas expectativas. Paulo provavelmente esperou que outros cristãos o encorajassem. Mas em vez disso, alguns deles, mesmo anunciando a Cristo, estavam contentes por ele estar preso, pois eram "ciumentos e brigeuntos" (v.15). Qual foi a resposta de Paulo a isso? "O que importa é que Cristo está sendo anunciado, seja por maus ou por bons motivos. Por isso estou alegre" (v.18).

> **Adote esta expectativa de Paulo: que Cristo seja honrado sempre!**

Talvez seja um futuro incerto devido à perda de um ente querido, à transferência no trabalho ou uma crise de saúde. Paulo, por estar encarcerado, sabia que a qualquer momento poderia ser executado, mas ainda assim declarou: "Pois para mim viver é Cristo, e morrer é lucro" (v.21). Que a nossa maior expectativa seja Cristo!

*Joe Stowell*

---

*Pai, eu realmente não sei o que acontecerá na minha vida, mas tenho certeza que Tu estarás sempre comigo. Tu és o meu presente e o meu futuro. Ajuda-me a compartilhar as boas-novas de Jesus sempre que eu puder.*

## LEITURA BÍBLICA: Filipenses 1:12-21

¹² *Meus irmãos, eu quero que vocês saibam que as coisas que me aconteceram ajudaram, de fato, o progresso do evangelho.* ¹³ *Pois foi assim que toda a guarda do palácio do Governador e todas as outras pessoas daqui ficaram sabendo que estou na cadeia porque sou servo de Cristo.* ¹⁴ *E a maioria dos irmãos, vendo que estou na cadeia, tem mais confiança no Senhor. Assim eles têm cada vez mais coragem para anunciar a mensagem de Deus.* ¹⁵ *É verdade que alguns deles anunciam Cristo porque são ciumentos e briguentos; mas outros anunciam com boas intenções.* ¹⁶ *Estes fazem isso por amor, pois sabem que Deus me deu o trabalho de defender o evangelho.* ¹⁷ *Os outros não anunciam Cristo com sinceridade, mas por interesse pessoal. Eles pensam que assim aumentarão os meus sofrimentos enquanto estou na cadeia.*

¹⁸ *Mas isso não tem importância. O que importa é que Cristo está sendo anunciado, seja por maus ou por bons motivos. Por isso estou alegre e vou continuar assim.* ¹⁹ *Pois eu sei que, por meio das orações de vocês e com a ajuda do Espírito de Jesus Cristo, eu serei posto em liberdade.* ²⁰ *O meu grande desejo e a minha esperança são de nunca falhar no meu dever, para que, sempre e agora ainda mais, eu tenha muita coragem. E assim, em tudo o que eu disser e fizer, tanto na vida como na morte, eu poderei levar outros a reconhecerem a grandeza de Cristo.* ²¹ *Pois para mim viver é Cristo, e morrer é lucro.*

## DIA 78

# PRIMEIRO AMOR

**Porém tenho uma coisa contra vocês: é que agora vocês não me amam como me amavam no princípio.** (Apocalipse 2:4)

Por que a paixão espiritual desaparece com facilidade? Ao experimentarmos pela primeira vez o amor de Deus, investimos horas estudando Sua Palavra e falando aos outros o quanto Ele significa para nós. De repente, nossa correria do dia a dia esfria lentamente a nossa paixão. Então, nosso anseio por Jesus e pelo estudo da Bíblia se tornam uma olhada ocasional. Com certeza não foi o objeto da nossa afeição que mudou!

A igreja de Éfeso lutou para manter sua paixão espiritual. Por intermédio de João, Jesus queria ajudá-la a restaurar e a manter o amor e o zelo dela pelo Senhor. Embora a referida igreja fosse louvável por seu trabalho, Jesus viu que ela havia abandonado o seu primeiro amor — isto é, o próprio Jesus (Apocalipse 2:4).

Os efésios haviam perdido a paixão deles por Jesus, e a igreja se tornara um ambiente frio e mecânico. Pergunto-me se eles permitiram a entrada dos males invisíveis da religiosidade e das muitas atividades em seu coração. O que quer que tenha sido, algo lhes roubou a afeição inicial que tinham pelo Senhor.

> **Voltar à cruz reavivará o nosso amor por Jesus.**

Você tem permitido que algo esfrie o seu amor por Jesus? Se isso está ocorrendo, ele poderá ser restaurado e mantido, quando lembrar-se do maravilhoso amor do Senhor demonstrado por você na cruz. Arrependa-se das suas atitudes pecaminosas e destituídas de amor e, por amor a Cristo, faça "o que [fazia] no princípio" (v.5).

*Marvin Williams*

## NOTAS

## LEITURA BÍBLICA: Apocalipse 2:1-7

¹ —Ao anjo da igreja de Éfeso escreva o seguinte: "Esta é a mensagem daquele que está segurando as sete estrelas na mão direita e que anda no meio dos sete candelabros de ouro. ² Eu sei o que vocês têm feito. Sei que trabalharam muito e aguentaram o sofrimento com paciência. Sei que vocês não podem suportar pessoas más e sei que puseram à prova os que dizem que são apóstolos, mas não são, e assim vocês descobriram que eles são mentirosos. ³ Vocês aguentaram a situação com paciência e sofreram por minha causa, sem desanimarem. ⁴ Porém tenho uma coisa contra vocês: é que agora vocês não me amam como me amavam no princípio. ⁵ Lembrem do quanto vocês caíram! Arrependam-se dos seus pecados e façam o que faziam no princípio. Se não se arrependerem, eu virei e tirarei o candelabro de vocês do seu lugar. ⁶ Mas vocês têm a seu favor isto: odeiam o que os nicolaítas fazem, como eu também odeio. ⁷ Portanto, se vocês têm ouvidos para ouvir, então ouçam o que o Espírito de Deus diz às igrejas. Aos que conseguirem a vitória eu darei o direito de comerem da fruta da árvore da vida, que cresce no jardim de Deus".

## DIA 79

# GPS DIVINO

**Peço que todas as manhãs tu me fales [...]; mostra-me o caminho que devo seguir!** (Salmo 143:8)

Meu pai sempre teve um grande senso de direção. Ele sabe mentalmente onde estão o norte, o sul, o leste e o oeste. É como se ele tivesse nascido com esse sentido. E ele sempre esteve certo. Até a noite em que ele se confundiu.

Essa foi a noite em que meu pai se perdeu. Ele e minha mãe foram a uma cidade onde nunca tinham ido antes. Na volta para casa, já era noite. Papai tinha certeza que sabia voltar para a rodovia, mas não sabia. Ele ficou confuso e totalmente frustrado. Minha mãe disse a ele: "Eu sei que é difícil, mas use o telefone para saber a direção certa". Então, pela primeira vez na vida, meu pai usou o aplicativo de GPS!

> **Sem conhecer o verdadeiro Caminho é fácil se perder em meio as trevas.**

Na Bíblia, Davi era um homem com muita experiência de vida. Mas os salmos e canções que ele escreveu também revelam momentos em que parecia que ele se sentia perdido. O Salmo 143 relata um desses momentos: "Por isso, estou quase desistindo, e o desespero despedaça o meu coração" (v.4). Ele estava aflito (v.11). Então, ele se afastou de tudo e orou a Deus: "Peço que todas as manhãs tu me fales do teu amor, pois em ti eu tenho posto a minha confiança [...] mostra-me o caminho que devo seguir" (v.8).

Se o "homem do tipo que [Deus] quer" (1 Samuel 13:14) se sentia perdido de vez em quando, sem dúvida nós também precisaremos nos voltar a Deus em busca de Sua orientação.

*James Banks*

*Senhor, ajuda-me a buscar em ti a orientação que eu preciso para trafegar neste mundo com segurança. Que em todo tempo, a Tua presença e a Tua Palavra iluminem o meu caminhar.*

## LEITURA BÍBLICA: Salmo 143:4-11

⁴ Por isso, estou quase desistindo, e o desespero despedaça o meu coração.

⁵ Eu lembro do passado. Penso em tudo o que tens feito e não esqueço as tuas ações. ⁶ A ti levanto as mãos em oração; como terra seca, eu tenho sede de ti.

⁷ Ó SENHOR Deus, responde-me depressa, pois já perdi todas as esperanças! Não te escondas de mim para que eu não seja como aqueles que descem ao mundo dos mortos. ⁸ Peço que todas as manhãs tu me fales do teu amor, pois em ti eu tenho posto a minha confiança. As minhas orações sobem a ti; mostra-me o caminho que devo seguir!

⁹ Ó SENHOR Deus, livra-me dos meus inimigos, pois em ti encontro proteção! ¹⁰ Tu és o meu Deus; ensina-me a fazer a tua vontade. Que o teu Espírito seja bom para mim e me guie por um caminho seguro! ¹¹ Conserva-me vivo, ó SENHOR, como prometeste! E, porque és bom, livra-me das minhas aflições.

## DIA 80

# BOA PERGUNTA

**O Senhor é o Deus Eterno, ele criou o mundo inteiro.
Ele não se cansa, não fica fatigado...** (Isaías 40:28)

Um adolescente de 13 anos do grupo que lidero fez uma boa pergunta. Do tipo que nos deixam pensando: "Hmmmm...".

O grupo tinha começado a estudar mais profundamente a Bíblia, então algumas questões foram levantadas. Enquanto conversávamos, o menino perguntou: "Então, quem criou Deus? Se Ele criou tudo, qual a origem dele?".

—Boa pergunta...

Não é algo fácil de responder. A Bíblia diz que ninguém criou Deus, ou seja: Ele não tem começo nem fim, Ele é eterno. "Eu sou o Alfa e o Ômega, diz o Senhor Deus, o Todo-Poderoso, que é, que era e que há de vir" (Apocalipse 1:8). A primeira e a última letra do alfabeto grego: Alfa e Ômega, revelam que Deus sempre existiu antes de qualquer coisa criada e que Ele existirá para sempre. Em Êxodo 3:14, o Senhor se identifica como "EU SOU QUEM SOU", um nome que mais uma vez revela que Deus sempre existiu. Sua existência e Sua essência são totalmente diferentes da nossa. Portanto, é realmente difícil para nossa mente finita e terrena compreender o que é divino.

> O Deus eterno está e estará para sempre ao lado dos Seus filhos.

A vida muitas vezes nos traz incertezas, dificuldades e questionamentos. Porém, sabemos que podemos ter grande esperança e conforto ao crermos que o nosso Deus — eterno e amoroso — nunca se cansa de cuidar de nós. Ele sempre nos fortalecerá durante nossa jornada aqui (Isaías 40:28-29). Ele é Deus, tanto na eternidade como no aqui e agora.

*Dave Branon*

*Pai, agradeço-te por nos amares com o Teu amor eterno.
Dou-te graças pela certeza de que estaremos para sempre contigo
mediante a salvação que Tu nos concedes em Teu Filho, Jesus.*

## LEITURA BÍBLICA: Isaías 40:27-31

²⁷ Povo de Israel, por que você se queixa, dizendo: "O Senhor não se importa conosco, o nosso Deus não se interessa pela nossa situação"? ²⁸ Será que vocês não sabem? Será que nunca ouviram falar disso? O Senhor é o Deus Eterno, ele criou o mundo inteiro. Ele não se cansa, não fica fatigado; ninguém pode medir a sua sabedoria. ²⁹ Aos cansados ele dá novas forças e enche de energia os fracos. ³⁰ Até os jovens se cansam, e os moços tropeçam e caem; ³¹ mas os que confiam no Senhor recebem sempre novas forças. Voam nas alturas como águias, correm e não perdem as forças, andam e não se cansam.

# TODAS AS RELIGIÕES NÃO SÃO A MESMA COISA?

Nosso grupo recebeu de tarefa escolar uma equação de álgebra muito difícil de resolver, cheia de símbolos, letras e colchetes. Depois de 10 minutos, todos nós tínhamos respostas diferentes. Estaríamos todos corretos, ou não? Será que, nesse caso, poderíamos aplicar a expressão *acredite na sua verdade*?

A gente até poderia ter comparado nossas respostas e dito um ao outro: "Vamos concordar em discordar sobre isso. Não há necessidade de brigar por causa dessas divergências. Todos nós temos uma resposta que nos satisfaz". Logo, poderíamos nos manter confiantes quanto a nossa compreensão pessoal sobre esse problema matemático. Entretanto, todos nós falharíamos na prova, porque nenhum de nós, de fato, soube resolver corretamente a tal equação. Há um processo adequado e uma resposta certa. Em outras palavras: há apenas uma resposta sólida e verdadeira.

Talvez não seja grande coisa ser reprovado em um teste de matemática por ter dado uma resposta errada. Entretanto, é totalmente diferente quando é algo do qual a sua vida depende. Diante disso, você precisa da resposta certa: a verdade real!

Não é surpresa alguma que as equações tenham uma única resposta certa. O que pode ser surpreendente é que as religiões atuam da mesma maneira. Cada uma delas defende a sua verdade, ou a resposta que afirmam ser a certa por trás do nosso mundo. E a nossa vida aqui e no porvir depende do que é essa verdade.

## Por que as religiões não são todas iguais?

O budismo diz que precisamos escapar deste mundo e alcançar o nirvana — uma espécie de perfeito "vazio", livre do sofrimento e do ciclo da vida. A maneira de fazer isso está em nosso interior e em nossa capacidade de "extinguir todos os defeitos próprios da humanidade" em nós. Porém, o cristianismo afirma que nenhum de nós é bom; somos egoístas e naturalmente contrários a Deus. Enquanto o budismo diz: "Nós somos a resposta", o cristianismo afirma: "Nós somos o problema". Como ambas as religiões podem ser verdadeiras ou mais ou menos a mesma coisa? Elas são completamente opostas!

O islamismo diz que Jesus foi um dos muitos profetas. No entanto, os cristãos dizem que Ele é, na verdade, o próprio Deus. Simplesmente não há como Jesus ser Deus e não ser Deus ao mesmo tempo! Se Ele não é Deus, então talvez não precisemos saber muito sobre Ele; porém, se Ele é Deus, então precisamos prestar atenção *em tudo* o que Ele diz!

O budismo diz que não existe deus ou algum ser superior do lado de fora, apenas o nirvana. O islamismo é monoteísta, crê na existência do Deus que criou todas as coisas. Entretanto, o cristianismo vai além, pois crê que Deus criou o ser humano para se parecer e ser semelhante a Ele, reconhece a divindade de Jesus e o tem como o Mediador entre Deus e os homens. Deus conhece o nome de cada pessoa e deseja que façamos parte de Sua família. Repito, é difícil considerar uma força abstrata e o Deus verdadeiro e pessoal envolvidos na mesma coisa. Todas as religiões que existem são como as diferentes respostas matemáticas as quais os meus colegas de turma chegaram. Contudo, apenas uma estava certa. Mas como sabemos qual é a verdadeira?

## Encontrando a verdade

Você sabia que cerca de 95% dos oceanos do mundo permanecem inexplorados? Sim, 95%! Se não conseguimos sequer chegar ao fundo dos mares, que podemos alcançar e tocar, como esperamos compreender sobre Deus por nós mesmos?

Todas as religiões, incluindo o cristianismo, têm seus textos e ensinamentos sagrados. Mas o que faz o cristianismo se destacar é a sua afirmação de que Deus realmente veio à Terra para tornar a verdade clara. Deus assumiu a forma humana e tornou-se um de nós, porém sem pecado. Sob o nome de Jesus Cristo, Ele viveu diferentemente de qualquer outro líder religioso que já existiu. Então, o que torna Jesus diferente?

**Jesus disse que Ele era Deus:** O historiador judeu Josefo (37–C.100 d.C.), que não era um seguidor Jesus, chamou-o de "autoproclamado" Deus. A Bíblia concorda e deixa bem claro que Jesus disse que Ele era Deus e também "um" com Deus Pai. Somos informados de que Seus ouvintes judeus ficaram tão ofendidos com isso que tentaram matá-lo, gritando: "você, que é apenas um ser humano, está se fazendo de Deus" (João 10:33).

**Jesus disse que Ele era o único caminho para o Céu:** Jesus disse aos Seus discípulos: "Eu sou o caminho, a verdade e a vida; ninguém pode chegar até o Pai [a Deus, e, por consequência, ao Céu, Sua casa] a não ser por mim" (João 14:6). Algumas pessoas pensam que existem muitos caminhos para o Céu; de que todas as religiões levam você até lá quando sua vida termina aqui. Mas Jesus diz muito claramente que Ele é o único caminho para Deus. Então, ou Ele é o caminho, ou não é.

**Jesus disse que morreria e ressuscitaria:** Jesus disse aos Seus apóstolos que Ele seria morto, mas que três dias depois Ele voltaria à vida. Não foi apenas uma previsão; era o plano de Deus. Pela Sua morte, Jesus disse que pagaria por todos os nossos pecados,

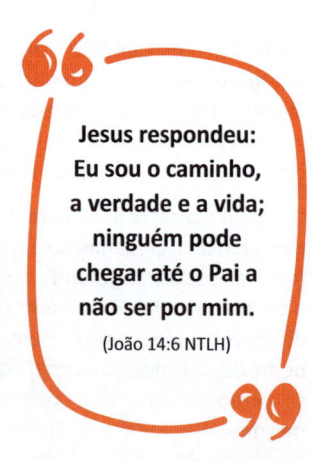

> **Jesus respondeu: Eu sou o caminho, a verdade e a vida; ninguém pode chegar até o Pai a não ser por mim.**
> (João 14:6 NTLH)

por toda a nossa rejeição a Deus, e por toda a dor que causamos a Ele ao longo do caminho. Jesus veio e recebeu o castigo e a morte que nós merecíamos, tomando o nosso lugar. Sua promessa de voltar à vida seria o início de uma nova vida com Deus para todos que creem nele.

## Quais são as evidências

**A morte de Jesus:** Você não pode voltar à vida se nunca morreu! Tácito (c.56-117 d.C.), um político romano da mesma época, escreveu que Jesus "sofreu a pena extrema", a crucificação, por ordem de Pôncio Pilatos. Isso significa que Jesus foi espancado e torturado até mal conseguir ficar em pé, e, então, foi pregado em uma cruz de madeira pelas mãos e pés. Assim que Ele sufocou sob Seu próprio peso, um guarda perfurou o Seu lado com um lança para garantir que Jesus estava morto (João 19:33-34). Podemos sim ter a certeza de que Jesus morreu.

**O túmulo vazio:** O corpo de Jesus foi colocado em um túmulo com uma enorme pedra colocada em sua entrada e guardas romanos do lado de fora. No entanto, depois de algumas noites, o túmulo estava vazio — um fato com o qual todos concordaram na época. As autoridades alegaram que os amigos de Jesus passaram furtivamente pelos guardas adormecidos, rolaram a enorme pedra e roubaram o corpo de Jesus sem que eles percebessem. Os guardas, embora sonolentos, viram os seguidores de Jesus na manhã da ressureição. Já os amigos de Jesus disseram que Ele havia voltado à vida. Confira essa história completa lendo Mateus 28:11-14. (A leitura sobre a ressurreição de Jesus foi feita pela primeira vez em Israel por pessoas que estiveram lá e lembraram-se do que tinha ocorrido. Se fosse um acontecimento forjado, eles o teriam ignorado como uma história falsa. Mas, em vez disso, o fato da ressureição de Jesus confirmava o que eles já sabiam, e assim essa notícia se espalhou ainda mais.)

**As testemunhas:** A Bíblia afirma que Jesus "apareceu, de uma só vez, a mais de quinhentos seguidores, dos quais a maior parte ainda vive, mas alguns já morreram" (1 Coríntios 15:6). As pessoas que conheceram Jesus após Sua morte estavam por perto para

> **Depois apareceu, de uma só vez, a mais de quinhentos seguidores, dos quais a maior parte ainda vive, mas alguns já morreram.**
> (1 Coríntios 15:6 NTLH)

serem interrogadas enquanto a notícia sobre a Sua ressurreição se espalhava. No entanto, o Império Romano e as autoridades judaicas jamais conseguiram provar que a ressurreição de Jesus era falsa. Nem uma única testemunha cedeu ao interrogatório, ameaças e torturas para dizer: "Nós inventamos isso". Essas testemunhas não eram soldados treinados das forças especiais que sabiam como sobreviver a esse tipo de situação. Eram pescadores, cobradores de impostos e pessoas comuns como nós.

> **Deus ressuscitou este Jesus, e todos nós somos testemunhas disso.**
> (Atos 2:32 NTLH)

**Seguidores de Jesus:** Quando Jesus foi julgado, Pedro (um de Seus amigos mais próximos) negou conhecê-lo para salvar a própria pele, pois estava com medo (veja Mateus 26:69-75). Mas depois que o túmulo de Jesus ficou vazio, Pedro levantou-se corajosamente diante da mesma multidão que, dias atrás e aos gritos, tinha pedido pela morte de Jesus. Ele disse: "Deus ressuscitou este Jesus, e todos nós somos testemunhas disso [...] este Jesus que vocês crucificaram é aquele que Deus tornou Senhor e Messias" (Atos 2:32,36). Isto sim é procurar problema! O que foi que mudou para tornar Pedro tão corajoso? Ele sabia que Jesus estava vivo novamente.

Os registos da época relatam que o número de cristãos só cresceu, apesar de terem sido caçados, presos, espancados, dados como alimento a leões e mortos. Os discípulos de Jesus e aqueles que creram em Sua mensagem foram tão convencidos pela Sua ressurreição que estavam prontos a morrer pelo que professavam.

## Todas as religiões são a mesma coisa?

Muitas vezes a morte é uma das grandes preocupações por trás de questões como: "Todas as religiões não são a mesma coisa?". Queremos saber para onde vamos depois de deixarmos esta Terra e se chegaremos lá com segurança. Mas é como se todas as religiões tivessem inserido códigos postais diferentes no GPS da vida. Não importa o quão confiante você siga uma, ou nenhuma delas, a questão é: o que acontecerá se você descobrir que o seu destino não é o que você pensava que seria? Por isso, precisamos saber a verdade agora.

Jesus é realmente Deus, e a evidência disso está tanto na Bíblia como em outros registros históricos. Ele fez grandes afirmações e as cumpriu. Inclusive, Ele voltou à vida depois de morto. Se há alguém em quem podemos confiar para nos preparar um lugar no Céu, esse alguém é Jesus (veja João 14:1-3). Ele alertou que confiar em qualquer coisa fora dele é um "caminho fácil [...] para o inferno" (Mateus 7:13). Pois crer em algo ou pessoa que não seja Ele é como ignorar o próprio Deus depois de Ele ter se revelado a nós em Jesus. Seria como se eu ignorasse meu professor e seguisse a minha própria "verdade" sobre como resolver a equação de matemática. Não importa o quão confiante eu me sentisse na prova pela minha resposta, ainda assim eu teria sido reprovado. Em Jesus, Deus se revelou a nós!

# NOTAS

# NOTAS